W9-CPB-688

LA UNCION

BENNY HINN

EDITORIAL
UNILIT

Dedicado a mi hijo Joshua. Es mi oración que él lleve el mensaje de Dios de salvación y el poder del Espíritu Santo hasta los fines de la tierra.

Mi especial gratitud a Bob Slosser por su ayuda profesional en la preparación de este manuscrito.

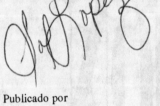

Publicado por
Editorial **Unilit**
Miami, Fl. EE.UU.
Todos los derechos reservados

Primera edición 1992
Traducido al español por: Concepción Montiel de Ramos

Publicado originalmente en inglés con el título:
The Anointing por Thomas Nelson Publishers
Nashville, Tennessee.

Producto 498422
ISBN 1-56063-253-4

Printed in Colombia.
Impreso en Colombia.

Contenido

Prefacio		5
1.	Desastre en Detroit	7
2.	El regalo más valioso	13
3.	En el principio	21
4.	Por fin una respuesta	33
5.	No es por fuerza	51
6.	Una mujer de Dios extraordinaria	63
7.	¿Qué es esto?	73
8.	Debes tenerlo	81
9.	Tres unciones	91
10.	Esto no comenzó ayer	103
11.	Jesús el YO SOY	111
12.	Es para ti --ahora	121
13.	Dos doctrinas básicas profundas	129
14.	El ejemplo de Jesús	141
15.	Cambia tu aceite	157
16.	Una doble porción	167
17.	¿Estás dispuesto a pagar el precio?	177
Acerca del autor		187

Prefacio

En mi libro anterior, *Buenos Días, Espíritu Santo*, hice énfasis en la realidad del Espíritu Santo como Dios, un miembro de la Trinidad de igual importancia que los demás, una persona tan real, si no más, que tú y yo. Mi propósito en aquel libro era presentarte al Espíritu Santo y guiarte a la experiencia de Su presencia.

Mi propósito en *La unción* es añadir a esa hermosa y continua relación, y guiarte a la realidad del poder para servir al Señor Jesucristo en Su específico llamamiento para tu vida. El poder es la unción del Espíritu Santo, como lo prometió Jesús después de su resurrección: "Pero recibiréis poder, cuando haya venido sobre vosotros el Espíritu Santo, y me seréis testigos" (Hechos 1:8).

Creo que todos estamos de acuerdo en que si en algún momento la iglesia de Dios ha necesitado poder, es ahora. Sólo el poder milagroso del Dios Omnipotente puede detener la ola de pecado y enfermedad que inunda al mundo en cada rincón.

Nuestra herencia como cristianos no es la debilidad, sin embargo, muchos de nosotros nos hemos conformado precisamente con eso. La Biblia dice que nuestro testimonio por Cristo puede ser confirmado "con las señales que le siguen" (Marcos 16:20).

Es el cumplimiento de esa promesa el propósito de la unción del Espíritu, y el equiparte con este tesoro escondido el propósito de este libro.

Primero debe haber la presencia, y luego viene la unción. La unción no es el bautismo del Espíritu Santo, aunque es igual de importante. La unción es el poder, el poder para servir a Dios. Tú podrás saber con seguridad cuándo la presencia del Espíritu Santo está sobre tu vida, pues tendrás dulce comunión. Y también sabrás inmediatamente cuándo te ha dado poder espiritual, mental y físico para luchar contra los demonios y la enfermedad.

No te equivoques acerca de esto: Dios quiere que tú tengas estos dos grandes dones. Y esto se te hará más y más real según vayas leyendo.

Te esperan momentos que cambiarán tu vida. Que el Señor te bendiga en todo aspecto mientras prosigues paso a paso. ¡Servimos a un Dios poderoso y maravilloso!

Capítulo 1

Desastre en Detroit

Estaba acostado en la cama del hotel donde me hospedaba en Detroit, relajado, orando calladamente y adorando a Dios. Era un sábado por la noche, en 1980. El reloj marcaba la medianoche, y yo debía predicar en la mañana y la tarde del día siguiente en una iglesia en las afueras de la ciudad.

Luego de unos momentos, la presencia de Dios entró a la habitación tan fuertemente que comenzaron a brotar lágrimas de mis ojos al verme rodeado de su gloria. La presencia --esa maravillosa presencia del Espíritu Santo que había revolucionado mi vida hacía varios años-- era tan pesada sobre mí que no estaba consciente de nada más. Antes que me diera cuenta de ello, eran las 2:00 A.M., y yo todavía estaba orando.

La mañana siguiente me levanté rápido, me sentía fresco y descansado, oré nuevamente antes de salir hacia el servicio. Estaba consciente de que mi sesión de oración esta vez no había sido extraordinaria. No sentí nada como la noche anterior, pero aquello hubiera sido difícil de igualar.

Fui al servicio, y cuando llegó el momento debido comencé a predicar. Abrí mi boca para decir las primeras palabras, y una nube de gloria llenó el edificio. Era como si la gloria shekinah --la sobrecogedora presencia santa del Dios Todopoderoso-- hubiera llegado. Era pesada --tan pesada que no podía moverme.

La gente comenzó a llorar. Mientras hablaba, algunos cayeron al suelo de sus asientos. Simplemente quedaron allí llorando, Su respuesta fue tremenda. ¿Qué estaba sucediendo?

Entonces cerré mis ojos y dije una palabra: Jesús. ¡Ay! La presencia de Dios barrió el auditorio aun más que antes, y dondequiera las personas eran tocadas. No vi a nadie que no hubiera sido visiblemente tocado.

Un hombre a mi lado dijo: "Nunca había sentido la presencia de Dios como la siento ahora". Las lágrimas estaban rodando por sus mejillas.

Yo sabía que él tenía razón. Jamás en otro servicio había yo sentido la presencia y la unción del Espíritu Santo como aquél día.

Un tiempo para almorzar

Después del servicio, se suponía que yo fuera a almorzar a casa de una prima que vivía en Detroit. Hacía tiempo que no la veía y estaba esperando ansioso poder almorzar con ella.

Mi prima y su esposo me dieron la bienvenida cuando llegué, y nos sentamos juntos a la mesa en lo que recordábamos tiempos pasados. Almorzamos deliciosamente, y nuestra conversación fue amena y acogedora.

De pronto, mientras estábamos sentados disfrutando del almuerzo, sentí al Señor que me apretaba el corazón. Yo conocía bien este sentimiento. Me estaba llamando suavemente: "Vete a orar".

Estaba desorientado, y en mi corazón respondí: *Señor, no puedo irme ahora. Estoy almorzando con estas personas. Y ni siquiera vine en mi carro. El hotel está a cuarenta y cinco minutos de aquí, y no tengo manera de llegar allá. Además, ¡Cómo puedo levantarme e irme en medio del almuerzo?*

Silencio.

Nuestro almuerzo concluyó, y el hombre que me había llevado allí me llevó de nuevo al hotel. Yo estaba tan cansado cuando llegué a mi habitación que me acosté a dormir.

Cuando llegué al servicio aquella noche, había el doble de personas de las que hubo en la mañana. El poder de Dios había sido tan sobrecogedor que todavía la gente estaba emocionada, y llena de expectación para el servicio de la noche. Si el servicio de la mañana había sido tan poderoso, ¿qué pasará en el de la noche?

Fue diferente

Me levanté para predicar, pero cuando abrí la boca no hubo nada --sólo palabras. No hubo presencia. No hubo una sobrecogedora unción del Espíritu. No hubo poder.

Yo luché. No sabía qué hacer. Por la expresión en sus rostros pude ver que muchos se preguntaban qué estaba pasando. La verdad era que *nada* estaba pasando.

Hacía apenas unas horas, yo sólo había mencionado la palabra *Jesús,* y el poder de Dios invadió el auditorio. Todos sintieron el toque de Dios y lloraron ante su presencia. Pero ahora… yo estaba hablando todas las palabras que conocía, y nada sucedía.

Finalmente el servicio terminó. ¡Había sido un desastre!

Me parecía que mi regreso al hotel no era lo suficiente rápido. Me apresuré a mi habitación, cerré la puerta rápidamente, y le pasé el seguro. ¡Qué alivio! Aquel servicio había parecido una eternidad.

Me senté en la cama, y mi mente recorrió en un instante los detalles del día. Estaba confundido. "Dios, ¿qué pasó? Esta mañana tu presencia fue tan real y tu poder tan grande que casi no pude resistir tu gloria. La gente fue movida a lágrimas".

Las palabras comenzaron a fluir de mí. "Fue como estar en el cielo. ¡Pero esta noche! ¿Qué había sucedido? ¿Por qué parecía que el servicio había estado vacío? ¿Vacío de ti?" Finalmente me detuve. Y la suave y tierna voz del Espíritu Santo me susurró, "¿Recuerdas esta tarde, cuando te estuve diciendo, 'Ve a orar'? Tú preferiste quedarte con tu prima. Diste a tu prima y su esposo el lugar que me pertenece a mí. Los pusiste a ellos antes que a mí".

Mucho más calmado, pero a la defensiva, respondí, "Señor, no podía irme. ¿Qué iban a pensar mis primas?"

La voz todavía era suave y tierna. "Eso es parte del precio, Benny. ¿Estás dispuesto a pagar el precio de la unción?"

Me lo habían dicho

Sí, *hay* poder en la presencia del Espíritu Santo, de la cual escribí en *Buenos días, Espíritu Santo*. Y *hay* poder en la unción de la cual quiero enseñarte en este libro. Y *hay* un precio que pagar. Este episodio en Detroit, una vez más me llevó a darme cuenta de estas cosas. La presencia del Espíritu

Santo nos guía a vivir en el poder de la unción si estamos dispuestos a pagar el precio de la obediencia.

Kathryn Kuhlman, quien jugó un papel tan importante en el inicio de mi relación con el Espíritu Santo y a las verdades de la presencia y de la unción del Espíritu, me había hablado del "precio". Ella lo había pagado.

Tampoco he olvidado mis encuentros con un hombre en Inglaterra que tenía una tremenda unción sobre su vida. Cada vez que me acercaba a él, mis piernas temblaban. A veces me sentía débil sólo de mirarle.

Un día oré: "Señor, haz que Tú unción esté sobre mí como lo está sobre él".

El Señor me respondió: "Paga el precio, y yo te la daré".

"¿Cuál es el precio?", le pregunté.

La respuesta no vino inmediatamente. Pero un día vino de pronto del Espíritu Santo. Me lo mostró en Hechos 4:13: "Entonces viendo el denuedo de Pedro y de Juan, y sabiendo que eran hombres sin letras y del vulgo, se maravillaban; *y les reconocían que habían estado con Jesús*".

Ahí está la clave: estar con Jesús. Una y otra vez, constantemente, no sólo unos minutos al día, no sólo ocasionalmente. En Detroit yo había estado con Jesús la noche anterior. Pero me había negado a estar solo con El cuando El me lo pidió.

La presencia y la unción. Según continúes leyendo, aprenderás cómo el Espíritu Santo puede guiarte a experimentar la llenura y el poder de la Deidad cada día. Una vez que recibas lo que la unción tiene para ti, experimentando la profundidad y la rica realidad de ese precioso toque, nunca serás el mismo.

Capítulo 2

El regalo más valioso

"¿Qué es lo que más valoras como cristiano?"

Esto me lo han preguntado por años. Y cada vez mi respuesta es la misma. Después de mi salvación, lo que más valoro es la unción.

La frase, *la unción* puede que no sea muy familiar para muchos de ustedes. Este libro cambiará esto.

Como escribí en mi volumen anterior, *Buenos días, Espíritu Santo,* nunca volví a ser el mismo después que Dios bendijo mi vida con la preciosa unción de Su Espíritu Santo. Y estas últimas cuatro palabras son importantes. La unción es la unción del *Espíritu Santo*, y la da el Señor Jesucristo. Ningún humano puede hacerlo.

Habiendo tenido tan glorioso encuentro, del cual hablaré en el próximo capítulo, prefiero morir antes de vivir un día sin él. Esto suena dramático en nuestra era de egoísmo y humanismo, pero es la verdad. Mi constante oración es simplemente, y creo que se convertirá en la tuya: "Dios, por favor, no quites nunca tu unción de mí. Preferiría morir antes de enfrentarme al futuro sin Tu toque sobre mi vida. Que no conozca un día sin la unción de tu Espíritu".

Lo que Dios me ha enseñado acerca de ese toque especial de la unción me ha hecho atesorar mi relación con un Compañero omnipresente, el Espíritu Santo, aun más. Yo sé ahora que hay varias clases de unciones, y en otros capítulos las exploraremos. También sé que es posible que yo abandone al Maestro y pierda esta relación tan íntima que valoro con todo mi ser. Yo puedo, por acto de mi voluntad, dar a Jesús la espalda y aislarme completamente de la comunión. Pero no lo haré nunca. Como he dicho antes, prefiero morir que perder su toque.

Mi meta es profundizar mi relación con Dios y crecer a una mayor magnitud de la unción. Pues, a pesar de experiencias increíbles que El me ha dado, yo sé que El tiene más en reserva para sus hijos. Quiero compartir contigo esta increíble aventura.

Estimado amigo, quiero que sepas que Dios tiene un toque especial para tu vida hoy. "Este es tu día", como proclamo en mi diario programa de televisión. Puede ser hoy y cada día de tu vida si lo deseas, un día de realidad del Espíritu Santo contigo --la unción.

Tu deseo puede ser cumplido

Quizás eres como muchos que han dicho: "Benny, yo deseo experimentar el poder de Dios en mi vida, pero en realidad no sé cómo puede suceder. Amo a Dios, y sé que El me ama. Pero tengo un anhelo de una relación más íntima y más profunda. No quiero saber *acerca* de El; quiero *conocerle* a El y experimentar la realidad de su poder con regularidad".

Te aseguro que tu deseo puede ser cumplido. El ha oído tu clamor. Lo primero que quiere que sepas es que El desea que sus hijos --todos-- con intensidad experimenten Su presencia, no una vez, ni dos, sino cada día. El desea que ellos conozcan no sólo su presencia sino su comunión y poder.

Sin embargo, mi amigo, no puedes conocer el poder de la unción de Dios mientras no experimentes la presencia de Dios. Muchos han malentendido el verdadero significado de "la unción". Creen que es algún tipo de experiencia escalofriante que es sólo cuestión de sentimientos y dura poco. Esto no es verdad. Cuando la unción del Espíritu viene sobre tu vida, toda duda es disipada. Serás transformado para siempre.

Puedo recordar la primera vez que sentí ese dulce, acogedor, poderoso y fluyente río de la unción paseándose a través de mí. Era como si me hubiera envuelto en un abrigo de Su amor. Era inconfundible. El calor de Su presencia me rodeó. Mis alrededores se disiparon entre las sombras mientras estaba en la presencia del Espíritu Santo. No había lugar a dudas de quién era. Estaba sobrecogido de amor y de Su cercanía. Sentí una paz total, y sin embargo, explotaba de éxtasis.

Tú también puedes conocer a Dios tan íntimamente cuando experimentes la unción y el poder de Su Espíritu --hoy, mañana, y siempre.

¿Has muerto al yo?

Sólo cuando abandones tu yo, vaciándote totalmente de ti mismo, podrás ser lleno de la presencia de Dios. Entonces, y solamente entonces, podrás ver Hechos 1:8 --la promesa de poder, la cual veremos más tarde-- hecha realidad en tu vida. Pues según te envuelve Su presencia, Su poder puede comenzar a fluir de ti.

En este libro te diré acerca de la muerte al yo, la cual

suena tan atemorizante y tan imposible. Y compartiré cómo vine a experimentar esa unción y cómo ese momento revolucionó toda mi vida. Mientras escribía *Buenos días, Espíritu Santo,* las cosas cambiaron --radicalmente. Mi relación con el Espíritu de Dios se ha profundizado gradualmente desde aquel primer día. El es parte de mi existencia diaria y momentánea. Nunca comienzo una mañana sin pedirle a él que venga y me permita caminar con El el resto del día.

Es importante también que comprendas que el Espíritu está profundamente interesado en cada aspecto de tu vida. El no hace distinción entre lo espiritual y lo secular. El quiere estar --y de hecho lo está-- envuelto en todo.

En la primera parte del libro, te hablaré acerca de esta persona llamada el Espíritu Santo. Muchos saben muy poco de El, y sin embargo *El es Dios.* Le ignoran, nunca hablan de El, nunca le piden que sea día tras día, minuto por minuto parte de su existencia. Parecen preferir las súplicas y los ruegos, y luego irritarse cuando no reciben respuesta.

¡Cuán equivocado esto! La Biblia dice: "Acercaos a Dios, y El se acercará a vosotros" (Santiago 4:8). Es hora de hacer eso precisamente. Es hora de decir: "Heme aquí, Espíritu Santo. Ven. Camina conmigo. Ayúdame a recibir lo que el Padre tiene para mí. Ayúdame a oír lo que el Señor me dice".

Cuando yo digo: "Ven, Espíritu Santo", el caos y la confusión de la vida en el mundo cesan. Mi vacío corazón se llena, y mis oídos se abren para oír la voz del Padre. Pues la voz de Dios es vacía sin la presencia del Espíritu Santo a tu alrededor.

Puede que preguntes: "¿Por qué si el Espíritu Santo es Dios y sabe todas las cosas, no nos ayuda simplemente y nos da lo que necesitamos?"

La respuesta es que el Espíritu Santo es un caballero y nunca forzará su presencia en tu vida. Pero en el momento que digas: "Espíritu Santo, ayúdame a recibir lo que estoy pidiendo", El viene y te ayuda a recibir a través de Jesús lo que ha pedido al Padre. Ves, el quiere comunión y camaradería contigo. El está buscando una relación de momento-por-momento, una relación en la que puedas verdaderamente tener la mente de Cristo (1 Corintios 2:16).

Cuando el Espíritu Santo se convierte en una realidad en tu vida, El provee una avenida a través de la cual puedan fluir el poder y la unción.

¿Recuerdas cuando Pedro, Santiago, y Juan estuvieron con Jesús en el Monte de la Transfiguración? (Mateo 17:1). La nube se posó sobre ellos. ¿Qué era la nube? El Espíritu Santo. Cuando lees en el Antiguo Testamento acerca de la nube que desciende sobre el Tabernáculo (Exodo 40:34) estás leyendo acerca del Espíritu Santo.

También, cuando Jesús ascendió después de su resurrección, una nube lo recibió (Hechos 1:9). Nuevamente, ese era el Espíritu Santo. De igual manera, cuando Jesús vuelva, vendrá sobre la misma nube (Hechos 1:11).

En estos casos, cuando el Señor habló, ¿dónde estaba la voz? Estaba en la nube. El Espíritu Santo es quien trae la voz de Dios con claridad a tu corazón.

Si no has experimentado un caminar diario, en el que estas cosas son realidad, necesitas comprender lo que son la presencia y la unción. No quiero limitar a Dios y lo que puede hacer en tu vida, pero sé que, al recibir la presencia del Espíritu, en tu vida ocurrirán siete cosas, que encontramos en el bellísimo capítulo 8 del libro de Romanos. En sí mismas son dignas de cualquier precio.

• Serás liberado del pecado. Tú, como tantos otros has luchado en un área de tu vida que no has podido vencer por años. La Biblia dice que no serás liberado de la ley del pecado hasta que sigas al Espíritu.

• La justicia entrará naturalmente en tu vida cuando aprendas a "andar en el Espíritu". No tendrás que forzarlo. Tu lucha por andar en justicia dará paso al fluir suave y continuo de ésta.

• Tu mentalidad será cambiada. Serás libre de poner tu mente en las "cosas de la carne" para ponerla en las "cosas del Espíritu".

• Estarás en completa paz. Pues Pablo dice que el "tener nuestra mente en las cosas espirituales es paz".

• Serás sanado desde la cabeza hasta los pies. Pues "el que levantó de los muertos a Cristo Jesús vivificará también vuestros cuerpos mortales", algo que la gran mayoría de los miembros del cuerpo de Cristo necesitan grandemente.

• Recibirás la muerte total del yo y la vida total para Dios. Pues Pablo dice que "si por el Espíritu hacéis morir las obras de la carne, viviréis".

• Recibirás intimidad con el Padre, cuando por el Espíritu levantes tu vista a El y digas "Abba, Padre --papá".

Encima de todo esto recibirás poder para servir al Todopoderoso, de lo cual sé que están hambrientos --listos para pagar el precio mencionado en el primer capítulo-- y esto lo sé por haber conocido a tantos de ustedes personalmente en cruzadas de milagros alrededor del país.

Estoy emocionado de poder compartir estas experiencias y estos pensamientos contigo. Pues sé que la presencia del Espíritu Santo y Su unción, multiplicadas por millones de personas de Dios, son la manera en que el Señor alcanzará al mundo hambriento en que vivimos hoy. Oro porque estés tan emocionado como yo.

Capítulo 3

En el principio

Sentado en el piso de mi habitación aquella noche de diciembre de 1973, luché con las palabras que había oído unas horas antes. Palabras misteriosas. Palabras fuertes. ¿Por qué no las había oído antes?

Debí de haber estado cansado, pues eran más de las once; y había estado levantado desde antes del amanecer. Pero mi mente no dejaba de recorrer los eventos de aquel día impresionante.

Un amigo me había llevado a una reunión en Pitssburgh, guiada por una evangelista de sanidad de quien conocía bien poco. Su nombre era Kathryn Kuhlman. Yo vi, oí y experimenté cosas en Pittsburgh que alterarían para siempre el curso de mi vida.

Hacía un año o dos que había sido salvo, y hacía muy poco que algunos amigos del colegio me habían introducido en el movimiento carismático. Casi no conocía nada de la vida en el Espíritu. Estaba hambriento y desesperado, pero encontré muy poco alimento para mi alma. Ahora esto. ¿Qué había querido decir ella aquel día?

Una vez más, pensé en aquella reunión con Kathryn Kuhlman. Su mensaje había sido titulado. "El poder secreto del Espíritu". Recordé mi primera impresión de aquella dama extraordinaria en su vestido blanco, casi danzando en toda aquella plataforma, flotando, como si hubiera estado conectada con un poder invisible. También recordé los embarazosos escalofríos y temblores que había experimentado por dos horas antes de la reunión y aun una hora durante la misma, sólo para entrar en la adoración más extática que jamás hubiera soñado posible. Durante aquellas horas supe sin lugar a dudas que el Señor estaba allí. Su presencia era una realidad.

Mi vida de oración hasta aquel punto había sido como la de la mayoría de los cristianos serios. Pero durante aquellas horas en Pittsburgh, no sólo yo le hablaba al Señor; también El me hablaba a mí. El me estaba mostrando su amor; El me estaba convenciendo de su misericordia y bondad. ¡Y qué comunión era aquella!

Más tarde al levantar mi vista de mi profunda comunión con el Señor, veo a Kathryn Kuhlman llorando, con su rostro escondido entre las manos. Sollozaba extraordinariamente, y luego, todo estuvo en silencio. La música cesó; los ujieres se paralizaron en sus lugares. Esto tuvo lugar por unos minutos. Un silencio sepulcral.

Entonces, como un relámpago, ella echó la cabeza hacia atrás, y sus ojos destellaban fuego. ¡Fuego! Nunca antes había visto algo semejante. La resolución subió de todo su ser. Luego, como una flecha, su dedo se precipitó hacia delante. Parecía como si el poder manara de él. Pero hubo más --sí, dolor y emoción, surgiendo de aquel flaco dedo.

Ella lloró de nuevo momentáneamente y luego habló, lo cual no describe en realidad la agonía y el drama en su voz, pero no hay palabras más adecuadas para describir lo que pasó que *habló*.

"Por favor" clamó. La palabra fue estirada hasta el límite. "Por favooooooooorrrrr..... no contristes al Espíritu Santo". Esto lo dijo otra vez: "Por favor, no contristes al Espíritu Santo".

Nadie se movió. Ciertamente que yo no, aunque podía sentir que su dedo me apuntaba a mí directamente, y esto me ponía nervioso. Estoy seguro de que hubo otros que se sintieron igual.

Entonces, con su voz alterada por un gemido, continuó: "¿Es que no entiendes?" Las palabras colgaban del aire. "¡El es todo lo que tengo!"

Yo no sabía de qué hablaba ella, pero lo absorbí todo.

Ella no había terminado. "¡Por favor! No le hieras. El es todo lo que tengo. ¡No hieras a mi amado!"

Momentos más tardes, apuntó su delgado dedo nuevamente --yo sé que estaba apuntándome a mí-- y dijo: ¡El es más real que cualquier cosa en este mundo! ¡Es más real que tú mismo!"

Te presento esta escena nuevamente para llegar a uno de los puntos más importantes que nosotros los cristianos debemos asimilar, especialmente al acercarnos a la realización de la presencia y la unción del Espíritu Santo. Kathryn Kuhlman estaba hablando de una persona, una persona más real que tú y que yo --una persona no un "algo", no un humillo, no una fuerza, no una sustancia encantada, rara y flotante acompañada de órganos y arpas. El Espíritu Santo es una persona con una personalidad, una naturaleza. Y es Dios --un miembro por igual de la Deidad compuesta de tres personas, que contiene la naturaleza completa de la Divinidad, del Dios invisible, activo durante la creación, la redención y el Pente- costés. Nunca debes olvidar esa verdad.

Todo lo que sabía aquella noche de diciembre en mi habitación de Toronto era que quería lo que Kahtryn Kuhlman tenía. Lo que ella quiso decir cuando dijo: "El es todo lo que tengo" --eso era lo que quería yo.

Y allí estaba El

En algún momento aquella noche, me sentí movido a orar, como si alguien me estuviera compeliendo a ponerme de rodillas. Al principio las palabras que salían de mi boca eran: "Espíritu Santo". Nunca había hecho eso antes. Es difícil darse cuenta ahora, pero debes recordar que yo nunca había siquiera considerado que el Espíritu Santo era una persona a la que podíamos dirigirnos. Yo había hablado solamente al Padre y al Hijo.

Me llené de valor y dije: "Espíritu Santo, Kathryn dice que tú eres su amigo. Yo creo que no te conozco. ¿Puedo conocerte? ¿Puedo conocerte en realidad? "

Nada parecía suceder. Pero mientras me preguntaba y dudaba de mí mismo, con los ojos cerrados, algo como si fuera electricidad pasó por mi cuerpo y comencé a vibrar de pies a cabeza, como me había pasado en Pittsburgh. La única diferencia era que estaba sentado en pijamas en mi dormitorio en la casa de mis padres en Toronto. Y era tarde en la noche. Pero yo estaba vibrando con el poder del Espíritu de Dios ¡El estaba presente en mi habitación! Mi vida nunca sería igual.

Como tampoco lo será la tuya, mi amigo, si actúas según lo que digo aquí.

Una lección que duró un año

Mi encuentro había sido tan real que cuando me desperté la siguiente mañana, hice lo que parecía lo más natural. Dije: "Buenos días, Espíritu Santo", y hasta hoy lo digo cada mañana.

Aquella primera mañana, la gloriosa atmósfera de la noche anterior inequívocamente volvió, pero no había vibración ni temblores. Yo estaba simplemente envuelto en Su presencia.

Esto dio inicio a un año de intensa experiencia con la dulce presencia del Espíritu, un año de compañerismo y comunión, un estudio de la Biblia guiado por el Espíritu Santo, de escuchar al que la Palabra de Dios describe como Maestro, Consejero y Consolador.

Hablé en mi primer libro de los problemas que hubo dentro de mi familia después de haberme convertido a Jesucristo. Habiendo nacido en el seno de una familia griega en Israel, donde mi padre era el alcalde de Jaffa, y habiendo sido educado en escuelas católico romanas, fui totalmente obstaculizado por mi familia después que hice pública mi fe en Cristo. Se hizo la situación tan mala que mi padre ni siquiera me hablaba, y otros parientes se burlaban y me menospreciaban.

Esto fue complicado más por mi incapacidad de hablar fluidamente a causa de mi tartamudez severa; razón por la cual yo pasaba horas solo en mi habitación. Pero después de iniciada mi relación con el Espíritu Santo, esto obró para bien, permitiéndome deleitarme en las incalculables riquezas de Su presencia.

No pasó mucho tiempo sin que llegara a ser como Kathryn Kuhlman en valorar esa presencia por encima de cualquier otra cosa en la vida. Estoy hablando de una experiencia que excede al bautismo en el Espíritu Santo, hablar en lenguas, u otros aspectos de la vida normal carismática como yo la había conocido. Sí, yo hablaba en lenguas, y asistía a una iglesia carismática con regularidad. Pero había mucho más que eso en esta experiencia.

El Espíritu Santo se hizo real en mí. Se convirtió en mi Compañero. Cuando abría la Biblia, yo sabía que El estaba allí como si estuviera sentado junto a mí. Pacientemente me enseñó y me amó. Desde luego que no podía ver su rostro, pero sabía dónde estaba, y comencé a conocer Su personalidad.

Jesús había dicho que El no dejaría a sus discípulos --tú y yo-- huérfanos, sino que enviaría a uno que estaría con nosotros y nos guiaría. Yo sabía de primera mano que El había cumplido Su palabra.

El propósito es revelado

Es importante repetir un episodio de *Buenos días, Espíritu Santo* para poner estas maravillosas experiencias en perspectiva y conocer que la vida cristiana no es un "club de dame-bendíceme".

Después de preguntar muchas veces al Señor, por qué El estaba permitiéndome experimentar la realidad de Su presencia, tuve una visión atemorizante. Vi a alguien frente a mí, envuelto en llamas y moviéndose incontrolablemente. Sus pies no estaban tocando el piso. Su boca se abría y se cerraba como el "crujir de dientes" de que habla la Biblia.

En ese momento, el Señor me habló en voz audible: "Predica el Evangelio".

Yo respondí: "Pero, Señor, no puedo hablar".

Dos noches más tarde tuve un sueño. Vi a un ángel con una cadena en su mano; estaba atada a una puerta que parecía llenar el cielo. La abrió, y había allí personas innumerables. Todas se movían hacia adelante, hacia un gran valle profundo, y aquel valle era un horno de fuego. Miles estaban cayendo dentro del fuego. Los que iban al frente trataban de luchar, pero la gran multitud les empujaba hacia las llamas.

Nuevamente me habló el Señor: "Si no predicas, serás responsable".

Al momento supe que todo en mi vida, incluso mis increíbles experiencias en los meses anteriores, habían tenido un sólo propósito: moverme a predicar el Evangelio.

Un cambio espectacular

En diciembre de 1974 visité a Stan y Shirley Phillips en Oshawa, unas treinta millas al este de Toronto, y todavía no había obedecido la visión de ir a predicar. En más, no le había contado a nadie mis experiencias, mis sueños y visiones. Pero esto pronto cambiaría.

"¿Puedo decirles algo?" pregunté. Ambos asintieron con expectativa y yo derramé mi corazón a ellos, al menos hasta donde me permitía mi tartamudez. Ellos fueron pacientes y escucharon como por tres horas.

Finalmente Stan me interrumpió y dijo con entusiasmo, "Benny, esta noche debes venir a nuestra iglesia y compartir esto".

Stan y Shirley eran parte de un grupo de unas cien personas llamado Shilob, en la iglesia denominada: Asamblea de Dios Trinidad en Oshawa; así que, fui con ellos esa noche-- con mi pelo largo, ropas deportivas, lengua tartamuda y todo. No sabía qué sucedería. Sabía que Dios me había dicho que predicara el Evangelio, pero había creído que posiblemente sería a través de tratados.

Todavía no sabía que sucedería cuando me senté entre la audiencia durante la primera parte del servicio. Me puse muy nervioso --atemorizado. Iba a hacer el ridículo, y todos se reirían. No necesitaba más de eso.

Sin esperar mucho, Stan, un científico de una planta nuclear del área, me había presentado y me vi caminando hacia el púlpito. Nunca me había parado detrás de uno.

Stan había dicho: "Comparte tus experiencias", y fue eso lo que empecé a hacer. Abrí mi boca, temblando, y algo tocó mi lengua, y se apoderó de ella. Hablé, fluente y rápidamente, en realidad demasiado rápido; tuve que decirme a mí mismo que hablara más despacio.

¡Estaba predicando el Evangelio! Parecía imposible, pero estaba hablando claro y con fluidez. Y no he parado desde entonces.

Les relaté --eran en su mayoría jóvenes-- cómo tuve un encuentro en mi habitación con el Espíritu Santo y después hablaba con El, le hacía preguntas, y le escuchaba, por un año.

"¿Cómo puedes tener un encuentro con el Espíritu Santo?", les pregunté retóricamente. "Sobre tus rodillas, acostado, caminando alrededor de tu cuarto, orando. No puedes encontrarte con El con sólo cantar".

Fui más adelante. "Hay sólo un camino hacia el Padre, el Hijo y el Espíritu Santo, y es a través de la oración".

Continué con este tipo de charla como por una hora, y luego me di cuenta de que debía terminar. Pero quería hablarles acerca de Moisés, pues el Espíritu Santo me había dado un discernimiento que todavía me sorprende. Y de pronto me veía hablando con denuedo.

"Moisés le pidió al Señor --y esto no puede hacerlo nadie hasta que esté en el lugar Santísimo. Fue un una ocasión, cuarenta días más tarde, que él pudo pedirlo-- recuerden, Dios le había tocado; surgió la comunión, la adoración, la belleza, el éxtasis, la presencia del Omnipotente, se había establecido la confianza. Entonces fue que pudo decir: 'Te ruego que me muestres'".

"El había pagado el precio", les dije. "Lo que él estaba diciendo era: 'Señor, he estado aquí contigo por cuarenta días y cuarenta noches. No queda nada de mi carne. Déjame ver tu gloria'". Y Dios pasó por delante de él, y aunque sólo pudo ver sus espaldas, vio la gloria y la maravilla de Dios.

Seguí impulsado. "¿Quieres la presencia de Dios?", pregunté. "Entonces pierde la tuya. Pierde la visión de ti mismo para que puedas obtener la visión de Dios".

Me relajé un poco y pensé: "Voy a orar". En mi dormitorio, siempre había titubeado y aun me había caído cuando invitaba al Espíritu Santo a venir, tanto que había buscado un lugar seguro donde pararme o arrodillarme, hasta ponía mis espaldas contra la pared. Pero nunca pensé que algo similar ocurriría en una reunión pública.

Así que, levanté los brazos y dije: "Espíritu Santo, eres bienvenido aquí, ven".

El poder de Dios inundó el lugar instantáneamente. La gente comenzó a llorar y muchos cayeron al suelo.

"¿Y ahora qué hago, Dios mío?", pregunté.

Me volví hacia el joven que estaba dirigiendo la reunión, esperando que él me ayudara y tomara el servicio en sus manos. Pero cuando me volteé y apunté hacia él, él cayó hacia atrás unas cuantas yardas. Yo estaba tratando de que él se acercara y ahora de pronto estaba más lejos. Nadie se me podía acercar. Entonces me di cuenta de que durante todas aquellas ocasiones a través de todo el año pasado, cualquiera que hubiera entrado en mi habitación habría caído bajo el poder del Espíritu también.

El director trató varias veces de acercárseme, y cada vez que lo hacía se daba contra la pared.

Finalmente, sólo hablé a la gente. Muchos estaban arrodillados, llorando todavía. Les dije algo más acerca de la persona del Espíritu Santo, y terminé sin volver a orar.

Isaías 10:27 dice que "el yugo se pudrirá a causa de la unción", y eso fue exactamente lo que sucedió. El poder del diablo sobre las vidas se destruye cuando llega la unción. Tal fue el caso conmigo y mi lengua, y con las personas en la congregación.

Más tarde, cuando comprendí mejor, me di cuenta de que la actividad "religiosa", las lenguas en alta voz, los gemidos y el llorar no son requisitos necesarios para que el poder de Dios sea revelado. Más que a menudo, son una carga, porque vienen de la carne, y Dios quiere demostrar un poder verdadero. Lo que más debemos desear no deben ser los dones espirituales sino la presencia y el poder de Dios. Los dones no pueden cambiar tu vida, pero sí la presencia y el poder. Y eso era lo que estaba probando por primera vez aquella noche en Oshawa.

Como he dicho cientos de veces a través de los años, Dios nunca llega tarde. Nunca llega demasiado temprano, pero nunca llega tarde tampoco. Cuando se apoderó de mi lengua, dije: "Eso es", y marché hacia adelante. La unción del Espíritu había venido, yo había sido sanado, y mi predicación recibió poder.

Milagrosamente mi ministerio nació y creció de la

noche a la mañana. Virtualmente, cada día me llegaban las invitaciones a ministrar, de iglesias y ministerios en todos los Estados Unidos.

Es importante notar que yo había experimentado la presencia del Espíritu Santo hacía un año, y que El me había enseñado meticulosa y pacientemente; me había asegurado, animado, y amado por todo un año. Yo le había obedecido hasta donde mi entendimiento podía conocer, y la unción había venido. Igual que vendrá sobre ti. Es para todos. Una vez que eches mano de lo que la unción tiene para ti, experimentando la profundidad y rica realidad de ese precioso toque, la vida tomará nuevo significado al moverte hacia el lugar de servicio que el Señor te tiene preparado.

Una fuerte advertencia

Nunca olvidaré mi vuelta a casa aquella noche. Estaba asombrado. Mientras yacía en mi cama como una hora más tarde, todavía estaba sobrecogido e impresionado por los eventos de la noche. Yo había visto el verdadero poder de Dios. Había tenido un vislumbre --aunque pasajero-- de la respuesta a la afirmación de Kathryn Kuhlman: "Si encuentras el poder, encontrarás el tesoro de Dios". Sólo era una indicación, y yo necesitaba comprender mejor. ¡Era tan poca mi experiencia!

"¿Qué hiciste hoy, Señor?", pregunté en la oscuridad.

Sin esperarlo, oí la rápida respuesta. "Sé fiel". Eso fue todo. "Sé fiel".

La siguiente mañana encendí mi radio poco después de despertar, como era mi costumbre para escuchar los servicios cristianos mientras me preparaba para ir a la iglesia. Lo primero que oí fue --y no tengo la menor idea de quién hablaba--: "Cuidado con lo que haces con el poder que has recibido". Luego el programa instantáneamente se dejó de oír. No lo puedo explicar. Había encendido el radio, una voz había dicho: "Cuidado con lo que haces con el poder que has recibido", y la voz se fue del aire. No pude volver a oírla por más que traté de sintonizarla de nuevo.

Por supuesto, ahora me doy cuenta de que las palabras *sé fiel* de la noche anterior y la fuerte advertencia de la radio a la mañana siguiente iban juntas. Decían en esencia: "Ten cuidado con el poder que te he dado. No juegues con él. Y no lo uses mal". Esto es una advertencia para todos aquellos que piden y reciben la unción del Espíritu. Dios debe confiar en ti.

El anhela y quiere que experimentemos Su presencia y Su unción. Cuando nos vaciamos de nuestro yo, veremos Su presencia. Sólo entonces podremos experimentar su poder, la unción del Espíritu Santo. Pero el factor confianza es muy importante. Debemos ser fieles a Dios con lo que El tan ricamente nos provee.

Capítulo 4

Por fin una respuesta

Cuando miro atrás para ver de cuántas maneras pudo haber sido diferente mi vida, me maravillo de la gracia y la misericordia de Dios.

Piénsalo bien. Nací en una familia muy tradicional del Oriente Medio, que hacía mucho énfasis en la disciplina y la tradición, sin relación alguna con un Dios personal. Nací y me crié como un griego en Israel, y fui educado en escuelas católico romanas por monjas. De pequeño contraje una tartamudez severa que hacía que mi comunicación oral fuera dificilísima, casi imposible. Fui sacado de mi ambiente a los quince años cuando mi familia se mudó a Toronto. Me vi obligado a aprender un cuarto idioma, el inglés; además del árabe, el hebreo, y el francés --este último lo había aprendido en los colegios católicos. Fui llevado del confinamiento de los claustros de una iglesia católica a las escuelas públicas de Toronto. Yo era un solitario --callado, tímido e inseguro.

Reglas y tradiciones

El Señor me había salvado milagrosamente a través de algunos compañeros cuando tenía diecinueve años, aunque ya había tenido gloriosos encuentros con El anteriormente, en sueños y visiones.

Antes de nacer de nuevo, yo había tratado de conformarme a todas las reglas e instrucciones que me habían sido prescritas por los que estaban en autoridad sobre mí. Había observado todas las tradiciones ligadas a mi educación católica, y sinceramente traté de obedecer a aquellos a quienes veía como los representantes de Dios en la tierra. Fui un buen estudiante e hice según me instruyeron las monjas (haciendo la señal de la cruz cada vez que pasaba por delante de una iglesia católica, rezando regularmente, y todo lo demás). Estoy seguro de que yo me consideraba cristiano, pero no me sentía completo ni realizado.

Inmediatamente después de mi experiencia de salvación, comencé a asistir a una iglesia donde se reunían tres mil jóvenes en la ciudad de Toronto. No estaba acostumbrado a ese tipo de reunión carismática, con sus respuestas espontáneas e impredecibles en varios niveles de volumen. Estaba más a tono con la actividad reservada, deliberada y predecible.

Esta era una gente diferente. Se abrazaban unos a otros, y el gozo parecía irradiar de sus rostros. Desde luego, entonces yo no sabía nada acerca del movimiento carismático. Sólo sabía que estaba en terreno extraño.

En parte por mi evaluación equivocada de la espiritualidad, mi reacción más seria vino algún tiempo después, cuando fui bautizado con el Espíritu Santo. Me encontré mirando a un hombre en particular a quien creía la persona más espiritual en la iglesia. Yo le había observado levantar las manos al cielo; las tenía levantadas casi constantemente. Su cuerpo se estremecía un poco. Sus labios temblaban cuando sus ojos miraban al cielo. Y cuando oraba en este idioma raro

--lenguas-- siempre decía lo mismo, como si repitiera una y otra vez la misma cosa. Cada vez que le oía orar era lo mismo. Temblaba y decía la misma cosa.

Desconocedor y hambriento de las cosas de Dios, fui un día y le pregunté si podía hablar con él. Parecía bastante amistoso.

--Estoy hambriento de más --le dije--. ¿Cómo encuentro lo que busco?

El me miró y me dijo: --¿Has sido bautizado con el Espíritu Santo?

--Sí --contesté--, ansioso de recibir guianza.

--¿Hablas en otras lenguas? --preguntó.

--Sí --volví a contestar.

El me miró y me dijo en tono realista: --¿Y qué más quieres?

Yo quedé paralizado, y después de un discreto momento, me fui en silencio. *¿Qué qué más quiero?*, pensé. *Si esto es todo lo que hay, no debe ser mucho.*

Yo quería más de Dios desesperadamente, seguro en mi alma de que había más. Las páginas de la Biblia lo decían, pero yo no sabía qué hacer. No sabía lo que Dios estaba ofreciendo ni cómo obtenerlo. Parecía que nadie podía ayudarme.

En 1973 cambié de iglesia y conocí a un hombre maravilloso, Jim Poynter, un ministro metodista libre, que se convirtió en un gran amigo y un día me llevó a conocer el ministerio de Kathryn Kuhlman. Esto puso en movimiento los eventos que he descrito en capítulos anteriores. De otra manera no hubiera podido conocer la maravillosa presencia de Dios y la unción del Espíritu Santo, las cuales son para todos los creyentes.

El Señor quiere darnos mucho más de lo que generalmente creemos posible. Quiero compartir algunas de las maneras en que el Señor me enseñó desde aquel día cuando desató mi lengua y comenzó a revestirme de poder para el ministerio. Estas maravillosas posibilidades son también para ti, y oro a Dios que te inspire y te guíe hacia adelante para que juntos podamos llevar a cabo Su plan para el extraordinario tiempo en que vivimos.

Cómo comenzó

Antes de compartir las maneras en que el Señor me enseñó y me revistió de poder para el ministerio, quiero llevarte nuevamente y decirte más acerca de aquel glorioso día en Pittsburgh cuando tuve mi encuentro con el Espíritu Santo en la reunión de Kathryn Kuhlman.

Aquel 21 de diciembre de 1973, comenzó para mí a las cinco de la mañana, después que mi amigo Jim Poynter y yo habíamos viajado con un grupo grande en un ómnibus alquilado desde Toronto hasta Pittsburgh, en medio de una terrible tormenta de nieve. Hacía sólo cuatro horas que habíamos caído en nuestras camas del hotel.

Jim insistió en que debíamos estar en la Primera Iglesia Presbiteriana de Pittsburgh a las seis de la mañana, o no conseguiríamos asiento, así que, estaba todavía oscuro cuando llegamos. Aun así, cientos de personas ya habían llegado, y las puertas no se abrirían por las próximas dos horas. Había un frío que helaba, y yo tenía puesto todo lo que había traído conmigo --botas, guantes, todo.

Pero el ser pequeño tiene sus ventajas. Comencé a abrirme paso pulgada por pulgada hasta llegar a las puertas, arrastrando a Jim detrás de mí. ¡No podía creer que hubiera tal multitud! "Ha sido así todos los días de la semana", me dijo una mujer.

Mientras estaba allí parado, de pronto comencé a vibrar, como si alguien hubiera tomado mi cuerpo y lo estuviera agitando. Pensé por un momento que el aire frío me estaba haciendo daño. Pero estaba vestido de ropas dobles, y no sentía frío. Un temblor incontrolable, de pronto, se había apoderado de mí. Jamás me había sucedido algo semejante. Y no cesaba. Tenía demasiada vergüenza para comunicárselo a Jim, pero podía sentir que hasta los huesos temblaban. Lo sentía en mis rodillas. En mi boca, *¿Qué me está sucediendo?* pensé. *¿Es este el poder de Dios?* No entendía.

Corriendo hacia el frente

Ya por ahora las puertas estaban a punto de abrirse, y la gente empujaba y empujaba hasta que casi no podía moverme. Pero la vibración no cesaba.

Jim dijo: --Benny, cuando las puertas se abran, corre tan rápido como puedas.

--¿Por qué? --pregunté.

--Si no lo haces, la gente correrá por encima de ti--. El ya había estado allí.

Nunca pensé que tendría que correr para entrar en una iglesia, pero allí estaba yo. Y cuando abrieron las puertas, salí disparado como un corredor en los juegos olímpicos. Pasé a todos: ancianas, jóvenes, todos. Es más, llegué hasta la primera fila y traté de sentarme. Un ujier me dijo que la primera fila estaba reservada. Luego me enteré de que los miembros del equipo de Kathryn Kuhlman seleccionaba a las personas que se sentarían en la primera fila. Ella era tan sensible al Espíritu que sólo quería frente a ella quienes la apoyaran positivamente y en oración.

Con mi severa tartamudez supe que sería inútil tratar de discutir con el ujier. La segunda fila ya estaba llena, pero Jim había encontrado un lugar en la tercera. Todavía el servicio no comenzaría como por una hora, así que, me quité el abrigo, los guantes y las botas. Al relajarme, me di cuenta de que estaba temblando más que antes, y que los temblores no cesaban. Las vibraciones se extendían por mis brazos y mis piernas como si estuviera conectado a algún tipo de máquina. La experiencia era extraña para mí. Sinceramente, tenía miedo.

Mientras el órgano tocaba, sólo podía pensar en los temblores. No era un sentimiento de enfermedad. No era como si me estuviera contagiando con un virus o un resfriado. Inclusive, mientras más continuaba, más hermoso era. Era una sensación extraña que no parecía física en lo más mínimo.

De pronto, sin saber de dónde, apareció Kathryn Kuhlman. En un instante, la atmósfera en el edificio estuvo cargada. Yo no sabía qué esperar. No sentía nada a mi alrededor. Ni voces. Ni ángeles celestes cantando. Nada. Todo lo que sabía era que había estado temblando por tres horas.

Luego, cuando comenzaron los cánticos, me encontré haciendo algo que nunca había esperado. Estaba de pie, mis manos levantadas, y lágrimas corrían por mis mejillas mientras cantábamos "Cuán grande es El".

Era como si hubiera explotado. Nunca antes las lágrimas habían brotado de mis ojos con tanta rapidez. ¡Hablando de éxtasis! Este era un sentimiento de intensa gloria.

Yo no estaba cantando como normalmente cantaba en la iglesia. Canté con todo mi ser. Y cuando llegué a las palabras, "Mi corazón entona la canción", literalmente canté con el corazón.

Estaba tan absorto en el Espíritu de aquella canción, que pasaron unos minutos sin que me diera cuenta de que había dejado de temblar.

Pero la atmósfera del servicio continuó. Yo pensé que había sido transportado al cielo. Estaba adorando mucho más intensamente que nunca antes. Era como estar cara a cara con la pura verdad espiritual. No sé si alguien más sintió lo mismo, pero yo sí lo sentía.

En mi joven experiencia cristiana, Dios había tocado mi vida, pero nunca como la estaba tocando aquel día.

Como una ola

Mientras estaba allí de pie, adorando al Señor, abrí los ojos y miré a mi alrededor porque de pronto sentí una corriente de aire. No sabía de dónde venía. Era suave y gentil, como una brisa.

Miré a las ventanas de cristal teñido. Pero estaban todas cerradas. Y eran demasiado altas para permitir tal corriente de aire.

Aquella rara brisa que sentí, era como una ola. La sentí subir por un brazo y luego por el otro. Literalmente la sentí moviéndose.

¿Qué estaba sucediendo? ¿Podría tener alguna vez el coraje de decir a alguien lo que estaba sintiendo? Pensaría que había perdido la razón.

Por lo que parecieron unos diez minutos, las olas de ese viento continuaron paseándose por mí. Y luego sentí como si alguien hubiera envuelto mi cuerpo en un manto puro, un manto de amor.

Kathryn comenzó a ministrar a las personas, pero yo estaba tan absorto en el Espíritu que en realidad no me importaba. El Señor estaba cerca de mí como nunca antes.

Sentí la necesidad de hablar con el Señor, pero todo lo que pude susurrar fue: "Querido Jesús, por favor, ten misericordia de mí". Lo dije nuevamente: "Jesús, ten misericordia de mí".

Me sentí tan indigno, como Isaías cuando entró en la presencia del Señor.

¡Ay de mí! que soy muerto;
porque siendo hombre inmundo de labios,
y habitando en medio de pueblo que
   tiene labios inmundos,
han visto mis ojos al Rey,
Jehová de los Ejércitos.

Isaías 6:5

Lo mismo sucedió cuando la gente vio a Cristo. Inmediatamente vieron su propia inmundicia, su necesidad de ser limpios.

Eso fue lo que me sucedió a mí. Fue como si un reflector gigante me estuviera apuntando directamente. Todo lo que podía ver era mi debilidad, mis faltas y mis pecados.

Una y otra vez decía: "Jesús, ten misericordia de mí".

Entonces oí una voz que no podía ser otra que la del Señor. Era tan bondadosa e inconfundible. Me dijo: "Mi misericordia está sobre ti en abundancia".

Mi vida de oración hasta ese momento había sido la de un cristiano promedio. Pero en aquel momento en el servicio yo no estaba simplemente hablando a Dios. El me hablaba a mí. ¡Y qué comunión era aquella!

No me daba cuenta de lo que me estaba sucediendo en aquella tercera fila de la Primera Iglesia Presbiteriana de Pittsburgh era sólo el comienzo de lo que Dios tenía planeado para el futuro.

Las palabras hacían eco en mis oídos: "Mi misericordia está sobre ti en abundancia".

Me sentí llorando y gimiendo. Es que no había nada en mi vida que pudiera compararse con lo que sentía. Estaba tan lleno y tan transformado por el Espíritu, que nada más importaba. No me importaba si en aquel momento una bomba nuclear caía sobre Pittsburgh y el mundo entero explotaba. En aquel momento sentí, como dice la Palabra, "Paz... que sobrepasa todo entendimiento" (Filipenses 4:7).

Jim me había contado de los milagros que tenían lugar en las reuniones de Kathryn Kuhlman. Pero yo no tenía la menor idea de lo que estaba por suceder durante las próximas tres horas. Los sordos de pronto oían. Una mujer se levantó de su silla de ruedas. Hubo testimonios de personas sanadas de tumores, artritis, jaquecas, y más. Hasta los críticos más severos han reconocido las genuinas sanidades que sucedieron en sus reuniones.

El servicio fue largo, pero parecía sólo un momento fugaz. Nunca en mi vida fui tan movido y tocado por el poder de Dios.

Otra reunión posterior

Poco después de aquel maravilloso encuentro con el Espíritu Santo, volví a otra reunión de Kathryn Kuhlman en la cual trató del precio que tuvo que pagar por la unción en su ministerio, y el secreto del poder del Espíritu Santo. Allí ella habló acerca de la muerte al yo, de cargar la cruz y pagar el precio. A menudo decía cosas como: "Cualquiera de ustedes, ministros, puede tener lo que yo tengo si sólo pagaran el precio".

En aquel servicio comencé a comprender que hay una experiencia mayor, y esa viene por pagar el precio.

Comprendiendo cuál es el precio

¿Cuál es el precio? Muchos años me ha costado llegar a este entendimiento, y quiero compartirlo:

En el Salmo 63 dice David:

Dios, Dios mío eres tú;
De madrugada te buscaré;
Mi alma tiene sed de ti,
Mi carne te anhela,
En tierra seca y árida donde no hay aguas,
Para ver tu poder y gloria,
Así como te he mirado en el santuario.

David había dado un vistazo a la gloria y el poder de Dios. Lo deseaba. Pero, ¿cómo lo conseguiría?

Aquí el Espíritu Santo comenzó a abrir mis ojos y hacerme comprender lo que Kathryn Kuhlman estaba diciendo cuando habló del precio y de la muerte al yo.

David declara que su carne "anhela" a Dios, mientras que su alma tiene "sed". Por su parte, Isaías dice, en 26:9, que con su espíritu buscaría a Dios. Así que, la carne anhela a Dios, el alma tiene sed de El, y el espíritu le busca. Es digno de notarse que en los escritos de Moisés acerca del Tabernáculo encontramos: el Atrio, el cual es símbolo de la carne;

el Lugar Santo, símbolo del alma; y el Lugar Santísimo, símbolo del espíritu. El anhelo nos lleva al Atrio; la sed nos lleva al Lugar Santo; y el buscar nos lleva al Lugar Santísimo.

Así que, cuando deseamos a Dios acudimos a la oración, el lugar donde Dios comienza a tratar con la carne y crucificarla. Es un lugar de lucha donde, al arrodillarnos cada día, todo lo que atinamos a pensar primero es en nuestras culpas, nuestras faltas y nuestras grandes necesidades. Repetimos lo que decimos una y otra vez, y pareciera que Dios está a miles de kilómetros de distancia. Nos preguntamos si estamos logrando algo. Queremos quedarnos dormidos, tener un respiro… cualquier cosa.

De lo que no nos damos cuenta inmediatamente es que mientras más tiempo estemos de rodillas, menos queda de nuestra carne. La muerte del yo comienza sobre nuestras rodillas.

Pronto, mientras Dios crucifica la carne, se rompe la barrera --puedes sentirlo-- y de repente tu oración se hace real. Un río brota de tu interior, y tus palabras cobran significado. La presencia de Dios entra y algo real te sucede. Puede que hasta comiences a llorar.

Esa ruptura puede que te tome media hora, una hora, quizás más. Te tomará tanto como sea necesario, depende de tu posición en el Señor, y cuál sea tu relación con El. El debe lidiar con los ídolos y los pecados en tu corazón. Si hay un Isaac en tu corazón, debe morir (lo cual es lo que Dios tenía determinado con Abraham). Si no has orado un largo tiempo, no puedes esperar esta ruptura después de uno o dos minutos.

Recuerda que esto es algo diario. No una cosa que viene una vez para toda la vida. "Cada día muero", decía Pablo en 1 Corintios 15:31. Va a haber una lucha cada vez que entremos en esta clase de oración. La presencia y la unción no vienen hoy porque moriste hace veinte años. Vienen hoy porque moriste hoy. Dios no usa las sobras.

Sabrás cuando esto suceda porque la culpa desaparecerá. La ausencia de la culpa significa que has roto la barrera. Le has buscado y le has encontrado.

En algún punto, entonces, vendrá la "sed" de Dios. Tu alma tendrá sed de Dios. Dice David en el Salmo 42:1-2:

Como el ciervo brama por las corrientes de las aguas,
Así clama por ti, oh Dios, el alma mía.
Mi alma tiene sed de Dios, del Dios vivo;
¿Cuándo vendré, y me presentaré delante de Dios?

Y eso es precisamente lo que nos sucede a nosotros. Nuestra alma tiene sed de venir delante del Dios vivo; tiene sed de Su presencia.

Es perfecto el lenguaje figurado de David. El ciervo busca el agua por dos razones: una, porque tiene sed, y dos, porque lo persigue otro animal. El sabe que perderá su olor una vez que se meta en el agua. Allí estará seguro. Así es con nosotros los creyentes. Tenemos sed de la presencia de Dios porque satisface nuestras almas y porque ningún enemigo puede tocarnos cuando estamos con El. El diablo no nos puede encontrar allí. Por eso David también escribió: "Tú eres mi refugio" (Salmo 32:7).

Así que, cuando encuentres el agua que busca tu alma, brotará de ti la alabanza. Sabrás que estas en el Lugar Santo, donde la alabanza es genuina. No existirán allí los rutinarios "gloria a Dios", "gracias Señor". Esto será entonces *real*. Cada partícula de tu ser le estará dando gracias --aun por aquellas cosas que hace una hora no podías agradecer. Todo será mucho más hermoso.

Ahora el Lugar Santísimo

¿Recuerdas que en el Salmo 63:2, David habló de querer ver "el poder y la gloria" de Dios? Eso viene de la tercera etapa del precio, la búsqueda y el morir al yo, que debe venir antes de la unción. Esta se encuentra en el Lugar Santísimo, símbolo del espíritu. Es el lugar donde ni dices nada ni haces nada. No oras. No cantas. Sólo recibes.

Ese es el lugar del que David habló cuando dijo, en el Salmo 42:7:

Un abismo llama a otro a la voz de tus cascadas;
Todas tus ondas y tus olas han pasado sobre mí.

En el Atrio, mi boca hablaba a Dios. En el Lugar Santo mi alma era quien hablaba. En el Lugar Santísimo habla mi espíritu --un abismo que llama a otro abismo. De aquí es de donde nace el orar sin cesar. Cuando te deleitas en la gloria de Dios. No anhelas, no tienes sed. Estás bebiendo.

David escribió en el Salmo 46:10: "Estad quietos y conoced que yo soy Dios". Estás tan lleno que no puedes hablar. Las palabras son inadecuadas. Estas totalmente sumergido en Su presencia. No te interesa qué puede hacer El por ti, te interesa conocerle.

Aquellos que experimentan esto son a los que Dios puede confiar su unción, como veremos después. Dios no confiará su unción a aquellos que no le aman, que no lo ponen en el primer lugar de su vida.

Permíteme asegurarte que, cuando entres en el Lugar Santísimo diariamente, se te va a hacer algo más y más natural y con mayor rapidez. Puede que no te tome media hora romper la barrera; puede tomarte cinco minutos. He tenido tiempos en que en el momento en que digo: "Señor", allí mismo está. También, mientras más permanezcas en la presencia del Señor, más de esa presencia se te pegará. Más densa será sobre ti, si pudiera decirse así.

Por ejemplo, la primera vez que rompas la barrera, puede que salgas de tu habitación y digas a tu esposa: "Hola, querida", y ella sabrá inmediatamente mientras hablas que has estado en la presencia de Dios. Una semana después, digamos, después que pasas más y más tiempo con el Señor, saldrás de tu habitación, y sin que digas nada, ella sentirá la gloria. No tendrás que pronunciar una palabra.

Con el apóstol Pedro esto llegó a un punto en que los individuos esperaban ser sanados cuando su sombra pasaba sobre ellos (Hechos 5:15).

Revistiéndonos de fortaleza

Siguiendo este tema, ahora debemos ver Isaías 52:1-2:

> Despierta, despierta, vístete de poder, oh Sion;
> vístete tu ropa hermosa, oh Jerusalén, ciudad santa;
> porque nunca más vendrá a ti incircunciso ni
> inmundo. Sacúdete del polvo; levántate y siéntate,
> Jerusalén; suelta las ataduras de tu cuello, cautiva
> hija de Sion.

En las Escrituras "Despertar" tiene que ver con la oración. Cuando dice: "Despierta, despierta", significa. "Ora, ora". Recordarás que el Señor Jesús, al encontrar a los discípulos dormidos mientras El esperaba al que lo entregaría en el huerto de Getsemaní, dijo: "Velad y orad" (Mateo 26:41), o "Manténganse despiertos y oren; estén alerta".

Es un mandamiento; debemos orar. Jeremías 10:25 nos indica que Dios juzgará a aquellos que no oran -- "las familias de la tierra que no invocan Tu nombre"-- junto con el mundo. Se nos ha ordenado buscar al Señor.

Así que, el pasaje comienza diciéndonos que despertemos, que despertemos, que nos sacudamos del letargo, que paguemos el precio, que busquemos al Señor con todas nuestras fuerzas, que entremos en profunda oración, profundo amor, hagamos de El la principal prioridad. Entonces ocurrirán seis cosas:

(1) Nos revestiremos de fortaleza espiritual --fortaleza contra Satanás, fortaleza contra el pecado, fortaleza contra la tentación. La debilidad desaparecerá.

(2) Nos vestiremos con nuevos vestidos santos, los vestidos de la justicia. El pecado no podrá tocarnos.

(3) Lo incircunciso e inmundo no podrá ser parte nuestra. Ya no tendremos comunión con el impío.

(4) Dejaremos de correr de un lado para otro en busca de alguien que ore por nosotros para sacarnos de los problemas. Nos despojaremos del polvo --de nuestra miseria, de nuestra pobreza. Nos levantaremos y seremos libres.

(5) Entonces podremos sentarnos y descansar. Habrá paz --verdadera paz, la paz de Jesucristo.

(6) Nos libraremos del dominio de Satanás y del pecado, que viene vez tras vez sobre nosotros.

El otro lado de la moneda

Si leemos Isaías 52:3-5, encontraremos los resultados de no despertar, de permanecer sin orar. Esto ciertamente nos sacudirá a todos y nos despertará:

Porque así dice Jehová:
De balde fuisteis vendidos;
por tanto, sin dinero seréis rescatados.
Porque así dijo Jehová el Señor:
Mi pueblo descendió a Egipto en tiempo pasado,
para morar allá, y el asirio lo cautivó sin razón.
Y ahora ¿qué hago aquí, dice Jehová,
ya que mi pueblo es llevado injustamente?
Y los que en él se enseñorean, lo hacen aullar,
dice Jehová, y continuamente es blasfemado
mi nombre todo el día.

Aquí encontramos seis horribles resultados de una vida sin oración:

(1) Porque no nos despertamos, nos venderemos nosotros mismos al diablo por nada.

(2) Descenderemos a Egipto, de nuevo al mundo.

(3) Seremos oprimidos.

(4) Seremos llevados como esclavos.

(5) Nos lamentaremos y aullaremos por la esclavitud que sufrimos.

(6) Los impíos blasfemarán a Dios, una condición que vemos en nuestro propio país hoy día porque los cristianos no oramos.

Y en este punto Isaías vuelve de nuevo a los buenos resultados del despertar, del orar. El cita a Dios, cuando dice:

Por tanto, mi pueblo sabrá mi nombre
por esta causa en aquel día;
porque yo mismo que hablo,
he aquí estaré presente (Isaías 52:6).

Esencialmente, El dice que como séptima bendición de la verdadera oración, conoceremos a Dios y su poder.

Finalmente, el que paga el precio será usado para el mayor servicio posible al Señor, en las palabras de Isaías 52:7:

¡Cuán hermosos son sobre los montes los pies del
que trae alegres nuevas, del que anuncia la paz, del
que trae nuevas del bien, del que publica salvación,
del que dice a Sion:
¡Tu Dios reina!

Un momento de decisión

Una vez que comprendí las enseñanzas del Espíritu Santo que Kathryn Kuhlman había estado dando, que giraban simplemente sobre "despierta, despierta" --o en otras palabras, la oración-- tomé la decisión de pagar el precio. Yo supe al fin que tenía la respuesta de lo que ella hablaba cuando decía: "Si encuentras el poder, encontrarás el tesoro del cielo".

La decisión de pagar el precio y de orar es algo que cada cristiano debe tomar por sí mismo; nadie puede decidirlo por él. Pablo escribió tajantemente en 1 Corintios 9:27: "Golpeo mi cuerpo, y lo pongo en servidumbre, no sea que habiendo sido heraldo para otros, yo mismo venga a ser eliminado".

Dios nos da a todos la oportunidad de orar y nos llama a hacerlo, pero no nos obliga. La decisión es nuestra.

En el momento en que digas que no a la oración -- "Estoy muy cansado", o "No tengo deseos" --tu verdadero yo es un idólatra--te habrás rendido a tu naturaleza más baja, y tu carne habrá tomado el lugar que le pertenece a Dios.

Es preciso que entiendas esto. Dios te ama. El te ayudará. Pero no te obligará. El Señor siempre guía, el diablo empuja. Depende de ti el tomar la carne por el cuello, y decirle: "¡No, voy a orar!".

El terrible peligro de rendirse a la carne es revelado en los primeros capítulos de Génesis. Dios hizo al hombre (y la mujer) un ser de espíritu, alma y cuerpo; pero el diablo, a través de la tentación de Adán y Eva, lo volvió al revés, cuerpo, alma y espíritu.

La carne prevaleció, y encontramos estas trágicas palabras en Génesis 6:3: "Y dijo Jehová: No contenderá mi espíritu con el hombre para siempre, porque ciertamente él es carne". El diablo había virado al hombre al revés.

Rendirse a la carne es rebelarse contra Dios. Eso te matará, y es lo que haces cuando te niegas a orar. Dios no usará a un hombre virado al revés, y ciertamente que no lo ungirá.

Comienza a buscar a Dios. Paga el precio. Vira tu vida nuevamente al derecho, y El te ungirá desde la cabeza hasta la punta de los pies.

El número de teléfono de Dios es Jeremías 33:3, y El está esperando por ti: "Clama a mí y yo te responderé, y te mostraré cosas grandes y ocultas, que tú no conoces".

El promete que si tú clamas a El: Primero, El te responderá; El hablará contigo. Segundo, te dará una nueva visión y verás Su gloria. Tercero, te dará nuevo conocimiento, cosas que nunca has sabido acerca de El.

Capítulo 5

No es por fuerza

Imponer las manos sobre los enfermos por primera vez fue una experiencia maravillosa. Yo sabía que el Señor me había dicho que orara por los enfermos como parte de la predicación del evangelio, de la misma forma que lo dijo a los discípulos en Marcos 16:18: "Sobre los enfermos pondrán sus manos, y sanarán".

Pero esto era nuevo para mí, y el diablo había estado llenando mi cabeza de basura por algún tiempo. De hecho, mientras esperaba el autobús para dirigirme a predicar por segunda vez, con el propósito de imponer las manos sobre los enfermos, habló bien específicamente a mis pensamientos: "No sucederá nada. Nadie se va a sanar. No va a suceder nada… ¡nada!"

Como puedes suponer, tuve un terrible presentimiento, un temor de que la unción no vendría. Pero no podía retroceder entonces.

Durante la reunión, la ansiedad todavía me tenía atado mientras predicaba, e invitaba a los enfermos a venir al frente para recibir su sanidad. En los primeros años, generalmente oraba por las personas una a una, contrario a lo acostumbrado en mis reuniones de milagros de hoy en día.

Así que, aquí estaba este hombre, esperando que yo orara por él. Yo tenía este terrible pensamiento; tenía miedo. "¿Dónde estás, Señor?", pensé. "¿Qué voy a hacer? Tú dijiste que hiciera esto". Moví mi mano hacia el rostro de este hombre y la unción del Espíritu Santo vino instantáneamente. Lo supe bien. El titubeó, y cayó al suelo, mientras el poder del Espíritu Santo recorría su cuerpo. Aquel día fue sanado de su enfermedad.

Como ya expliqué en el recuento de mi primera aventura en la predicación del evangelio, y la sanidad instantánea de mi tartamudez, Dios nunca llega antes de tiempo, pero tampoco llega tarde. Es como si El no se apareciera hasta el mismo momento en que tu mano está puesta sobre la persona o hasta que tu boca se abre para hablar. En el momento en que crees que vas a morir, llega El.

¿Por qué? Pues está probando tu fe. Está preparándote para las tareas más difíciles que te esperan. Santiago dice que "la prueba de vuestra fe produce paciencia" --o permanencia y perseverancia-- y que debes dejar que "la paciencia tenga su obra completa, para que seáis cabales, sin que os falte cosa alguna" (Santiago 1:3-4).

Es imposible imaginarse la presión que sufrí durante aquellas primeras lecciones. A menudo quise volverme a casa. "Oh Dios", pensaba, "se van a reír de mí. Voy a echarlo todo a perder".

Entonces venía la unción, pues yo tenía que pasar por muchas pruebas y madurar mucho si había de llegar a ser la clase de hombre que Dios quería que fuera.

Así sucede contigo. Al prepararte para la presencia y la unción del Espíritu Santo para cualquier obra que el Señor te haya llamado, necesitarás ser probado y perfeccionado. La unción de ayer no será la unción de hoy.

La bendición del silencio

En los servicios de Kathryn Kuhlman siempre hubo mucho canto, y a menudo ella participaba en el canto con gran gozo y alegría. Así también había momentos en que decía a la audiencia: "Silencio, ahora, silencio". Yo me pregunté muchas veces por qué lo hacía.

Entonces una vez, estando yo presente, ella dijo: "Todos, por favor, hagamos silencio". Era obvio que lo decía en serio, y todo el mundo guardó silencio. Charlie, el organista, tocó tan suave como pudo; nadie tocaba para ella como Charlie. Toda otra cosa o persona guardó silencio.

Esto sucedió como por diez minutos. Silencio. Luego un señor que estaba sentado cerca del frente comenzó a susurrar con sus manos puestas sobre su boca y su nariz, "Te alabo, Jesús. Te alabo, Jesús". Yo no creí que pudiera oírle nadie, y estoy seguro que él mismo no se daba cuenta de lo que hacía.

Inmediatamente, Kathryn Kuhlman habló enfáticamente: "¡Señor, dije silencio!" El silencio absoluto volvió, con la excepción de Charlie.

Pasaron minutos. Y al fin ella dijo, casi inaudiblemente, como susurrando: "El viene cuando guardas silencio". Ella lo repitió, aun con más suavidad: "El viene cuando guardas silencio". Yo sentí temor. Yo no sabía qué iba a suceder, pero esperé… y esperé… y esperé…

¡Entonces sucedió!

Por todo el auditorio comenzaron a ocurrir los milagros, los cuales fueron confirmados más tarde cuando Kathryn
Kuhlman comenzó a hablar con estas personas frente al resto
del público.

Yo sólo llevaba tres meses en el ministerio, y jamás
había visto algo igual. Por todo el auditorio sucedían los
milagros. Y habían comenzado durante el silencio.

Volví a Canadá y lo pensé bien. "Voy a probar esto",
me dije. Después de todo, ya había aprendido y experimentado tanto de las reuniones de Kathryn. Dios ciertamente la
usó para hacer milagros en todo el mundo, y El la usó con
gracia y misericordia, para enseñarme e inspirarme durante
aquellos primeros días.

Durante los primeros días de ministerio, yo tenía un
coro maravilloso y ruidoso, la mayoría de sus integrantes eran
jamaiquinos y haitianos, y el resto una mezcla de todos los
trasfondos. Eran entusiastas, por decirlo así. Eran hermosos,
pero en su exhuberancia cuando adoraban al Señor podían
hacer mucho ruido.

Un lunes por la noche --el salón estaba repleto-- dije
de antemano que en cierto momento crucial quería silencio.
Bueno, me llevó unos veinte minutos lograr que se callaran,
porque constantemente estaban diciendo: "Gracias, Señor;
Gloria a Dios", esas cosas que son completamente normales
para un cristiano carismático emocionado.

Les dije: "Quiero que se callen. Si quieren seguir
moviéndose los enviaré al piso de abajo". Y ellos hicieron lo
mejor que pudieron.

Miré al director de cantos, y su rostro me dijo que no
entendía lo que estaba pasando. Con toda franqueza, en
aquellos momentos yo mismo no entendía lo que estaba

haciendo. Sinceramente, no sabía si lo que hacía estaba bien o mal. Todo lo que sabía era que Kathryn lo había hecho, y que el Señor había actuado. Yo me imaginé que si nada sucedía me olvidaría de ello y seguiría hacia adelante. "Hagamos mucho silencio", repetía al público.

Así que, le llevó veinte minutos al coro hacer silencio. Entonces hubo una quietud total en todo el salón. Había absoluto silencio. No supe qué hacer después; así que, esperé y me mantuve en silencio. Transcurrieron cuarenta minutos. Esperé con los ojos cerrados porque no sabía qué ocurriría después --si acaso ocurría algo. Después de tanto tiempo, no quería mirar.

De repente, ¡bang! ¿Qué pasó? Luego, otro bang, y otro, aparentemente por todo el auditorio. No pude resistir el impulso de abrir los ojos. Tres personas en diferentes lugares del salón habían caído. Y mientras miraba cayeron dos más.

Entonces ¡whoosh! Algo llenó el salón. Sentí una fuerte descarga eléctrica, como lo que me imagino sería el golpe de un rayo. Sentí que el cuerpo entero se me adormecía. Y ante mis propios ojos, casi todo el mundo había caído al suelo. Prácticamente, no quedaba nadie de pie excepto yo.

Quedé paralizado. El director de cantos yacía en el suelo, llorando. Los músicos, los ujieres, todos habían caído. Me sostuve con fuerza del púlpito, y oí la voz de Dios; yo sabía que nadie más la oyó en aquel momento: "Te dejé de pie para que lo vieras".

Había aprendido una lección.

Pero Dios no había terminado.

Unos días más tarde un amigo llamado Pedro me llamó. Era viernes en la noche, y dijo: --Quiero llevarte a un lugar mañana, pero debes estar listo a las cinco de la mañana.

Nunca me había gustado levantarme tan temprano.
--¿Para qué? --le pregunté.

--No te preocupes. Te recogeré a las cinco.

Fue una dura lucha, pero Pedro era un buen amigo. El llegó a las cinco, y salimos en su automóvil. No es preciso alejarse mucho de Toronto para encontrarse en el bosque, y allí estábamos en seguida.

El estacionó su automóvil y caminamos por varios minutos dentro del bosque. Nos adentramos bien --donde no había más que árboles, pájaros, y ardillas.

Nos detuvimos y el dijo: --Vuelvo enseguida.

Yo pensé que el necesitaba evacuar el vientre, y lo esperé. Y esperé. Y esperé. Diez minutos, veinte minutos. Estaba todo muy callado, y yo comencé a oír sonidos que nunca había oído antes. Hasta pude oír los latidos de mi propio corazón.

Pensé que ya debía de estar de regreso. No había ido a evacuar el vientre solamente.

Así que grité, con todas mis fuerzas. "Peeeeeeedroooo".

Más silencio. De pronto, Pedro salió de detrás de un arbusto, ¡y por poco me muero de miedo!

--¡Para eso te traje aquí! --me dijo.

--¿Para asustarme?

--No. Para enseñarte como guardar silencio. Siempre estás hablando, o moviéndote o haciendo ruido. Te he traído al bosque para enseñarte una lección.

No estaba nada impresionado, o por lo menos así se lo dije.

--Sabes --dijo Pedro--, que Dwight L. Moody dijo una vez: "Si pudiera tomar un incrédulo y lograr que guarde silencio por cinco minutos, y durante ese tiempo hacer que piense acerca de la eternidad, puedo conseguir que se salve. No tendré que decir nada".

Silencio. Yo aprendí su poder. El Lugar Santo es un lugar de silencio. Debes aprender a callar delante de Dios y adorarle en el silencio. Descubrirás la unción.

Cumpliendo La Promesa

Como he dicho por muchos años, Kathryn Kuhlman fue una ministro del evangelio a quien seguí muy de cerca. Sin ella saberlo, me enseñó mucho.

Pero debo confesar que la primera vez que la vi, en Pittsburgh, no la aprecié tanto como ahora. Desde la tercera fila del santuario de la Primera Iglesia Presbiteriana, la observé deslizarse, casi en la punta de los pies, hacia la plataforma, con sus brazos abiertos mientras avanzaba con su vestido de encaje, falda ancha que llegaba hasta el piso, mangas largas y cuello alto. Entonces, cuando el repleto auditorio tronó con las notas de "Cuan grande es El", esta delgada mujer de cabello castaño, literalmente corrió hacia el centro del escenario, guiando ella misma la conclusión de aquel poderoso himno, a toda voz, lo cual era una de las marcas de su maravilloso ministerio.

Las primeras palabras que ella habló al tomar el micrófono fueron: "Holaaaaaa, ¿qué taaaaal? ¿Han estado esssperándooooomeeeee?"

Desafortunadamente, mi respuesta personal para mis adentros fue un franco "no". Pero yo no estaba solo en mi tropezar con el amaneramiento de Kathryn Kuhlman. Hay una lección que aprenderse de las advertencias de la Biblia acerca del escarnecer. Pues yo fui uno de los pocos que tuvieron la oportunidad de ver de cerca que el exhibicionismo externo en ninguna manera revelaba el corazón, el espíritu y el poder de aquella mujer. Aprendí mucho, y aún estoy aprendiendo de las experiencias.

Durante el tiempo que pasé alrededor de su ministerio, nunca dejó de decir, con lágrimas en los ojos y un temblor en los labios casi imposible de detectar, estas palabras cuando clamaba al Señor: "Te prometo la gloria, y te doy gracias por esto, gracias por esto". A veces era simplemente un íntimo "¡Querido Jesús, un millón de gracias!"

"Te prometo, amado, que no puede haber otra manera. Al buscar y recibir la unción, la gloria no debe recibirla otro que el Señor. Cualquier falla en esto sería desastrosa. Te suplico que mires sólo a todos los ministros de Dios caídos a través de tantos años, que han tropezado con esta piedra. El exhibicionismo y la extravagancia son una cosa. El orgullo y la ingratitud son otra . Te prometo la gloria, y, querido Jesús, un millón de gracias".

Una lección sobre la oración

En 1977, poco después de la muerte de Kathryn Kuhlman en 1976, la Fundación Kuhlman me pidió que oficiara en un servicio en su memoria en Pittsburgh. Hasta el momento, mi trabajo para su ministerio había consistido de pequeñas cosas tales como repartir hojas de música del coro, así que, me sorprendió que me pidieran que participara en un evento tan significativo. Yo era muy joven e inmaduro como cristiano, y esto sería un evento de mayor magnitud.

Al llegar a las oficinas en la Casa Carlton, Maggie Hartner, quien había sido la confidenta más cercana de Kathryn y a quien yo amaba mucho, me llevó aparte y me dijo algo que me sorprendió.

"Escucha, no te vayas a orar ahora y a preocuparte tanto por tus propias necesidades, que luego Dios no pueda usarte esta noche", me dijo con firmeza. "Ve y duerme una siesta o algo por el estilo".

Yo no podía creer lo que estaba oyendo. "Es la cosa menos espiritual que jamás haya oído", pensé, "y esta es la mujer menos espiritual que he visto". Yo iba a orar gustárale a ella o no.

Jimmy McDonald, el cantante, me recogió y me llevó al Carnegie Music Hall, y me describió el programa de la noche. El coro cantaría esto y aquello, dijo, y luego el cantaría. "Cuando yo comience a dirigir 'Cristo, hay algo acerca de ese nombre', tú entras". Yo asentí.

Bueno, presentaron una película acerca de un poderoso servicio de Kathryn en Las Vegas, que hasta el día de hoy tiene un impacto tremendo cuando la exhiben, luego cantó Jimmy.

Yo miré a la multitud desde detrás de las cortinas y quedé paralizado. No me podía mover.

Jimmy cantó la canción una segunda vez, y luego una tercera vez, y finalmente dijo: "Cuando cantemos esta canción saldrá Benny Hinn". El añadió algunas palabras de halago acerca de mi persona. La mayoría de los presentes no me conocían, desde luego. Volvió a cantar. Yo todavía estaba paralizado del miedo.

Finalmente pude salir al escenario. Jimmy susurró, "¿Dónde estabas?" y se fue del escenario. Aquello no me ayudó en nada, por supuesto.

Traté de guiarles cantando la canción una vez más, pero comencé en un tono muy alto y fue algo terrible. Nadie cantó. Yo luchaba conmigo mismo. Todo lo que podía pensar era que quería salir de allí y regresar a casa.

Parecía como si hubiera pasado casi media hora. Todo lo que pude hacer fue tirar mis brazos hacia arriba y decir: "¡No puedo hacerlo, Señor, no puedo hacerlo!"

En aquel momento, oí una voz dentro de mí que me dijo: "Me alegro que no puedas; ahora haré yo la obra".

Me relajé totalmente, y fue como ir desde el infierno hasta el cielo. Hubo una liberación instantánea una vez que supe sin lugar a dudas que yo no podía. El poder de Dios descendió, y todos en el auditorio fueron tocados --no por mí, sino por Dios. Fue un servicio maravilloso y emocionante.

Maggie vino a mí más tarde y me dijo algo que nunca olvidaré: "Kathryn siempre decía: 'No son tus oraciones, no son tus habilidades, es tu sometimiento'. Aprende a someterte, Benny".

Para entonces estaba tan confundido por toda la experiencia que todo lo que pude decir fue, "Maggie, no creo que sepa cómo hacerlo".

"Bueno, esta noche tuviste tu primera experiencia", dijo ella.

De vuelta en la habitación del hotel, oré: "Señor, enséñame a hacer esto". Yo sabía que la clave estaba en la afirmación de Maggie aquella tarde. Pero sólo en los últimos años he comprendido bien lo que ella quería decirme. No ores sólo porque tienes un servicio. Yo no hablo con mi esposa sólo cuando la necesito. Se supone que yo tengo una relación con ella. Igual sucede con el Señor. Tu oras, todo el tiempo, para que tu comunión permanezca. No puedes decir: "Hablaré contigo cuando te necesite", y luego no ocuparme de El por un tiempo. Dios dirá: "Sin relación no hay unción".

Tu vida depende de la oración.

Es cuestión de confianza

Yo sé que Maggie Hartner tenía en mente este asunto de la relación y la confianza cuando sucedió lo que voy a contarte. Creo que vas a comprender.

Maggie y yo nos trasladábamos en automóvil por las calles de Pittsburgh una noche tarde después del servicio. Las calles estaban desiertas, y cuando llegamos a un semáforo, Maggie se dirigió a mí y me dijo:

--¿Ves ese edificio a la izquierda? Allí vivimos Kathryn Kuhlman y yo al principio por muchos años.

Era un edificio de apartamentos más bien viejo. Luego de un momento de silencio, le dije:

--Maggie, dime cómo era Kathryn en aquellos días.

Mientras Maggie pensaba por un momento, la unción del Espíritu Santo vino sobre ella y fue como si Dios hubiera entrado en el automóvil. Ella dijo:

--Benny, voy a decirte algo ahora mismo... y no lo olvides nunca--. Maggie era una persona que infundía respeto, y le di toda mi atención. --Tú tienes mucho más de lo que tenía ella a tu edad. El poder de Dios que viste en ella fue solamente los últimos diez años de su vida.

Yo estaba atónito.

--Pero yo pensé, Maggie, que Kathryn siempre había tenido esa unción.

--Oh no --dijo ella--. En los primeros días no tenía unción alguna comparado con la que tenía cuando murió--. Entonces me miró fijamente en la tenue luz. --¿Sabes por qué Dios la ungió de esa manera?

Sacudí mi cabeza.

--Porque podía confiarle esa unción.

Hubo unos segundos de silencio. Y ella apuntó el dedo de su mano derecha directamente hacia mi cara y dijo pausada pero firmemente:

--Y si puede confiar en ti --sentí como si Dios me estuviera hablando--, si sólo pudiera confiar en ti...

Su dedo se quedo quieto frente a mi cara por un momento, y hubo un silencio sepulcral mientras seguíamos atravesando las oscuras calles.

En mi hotel aquella noche, casi no podía hablar. Estaba conmovido. Hablé con una seriedad como nunca lo había hecho en mi vida: "Señor, hazme un hombre ungido en quien puedas confiar".

Confianza.

"Te prometo la gloria, y querido Jesús, un millón de gracias".

No existe otra manera.

Capítulo 6

Una mujer de Dios extraordinaria

Debido al número de jóvenes que he conocido que saben bien poco acerca de Kathryn Kuhlman, quiero contarte brevemente acerca de esta maravillosa mujer que hizo tal impacto en mi vida y que tocó tantas vidas alrededor del mundo. De lo que Dios hizo en su vida, podemos aprender mas acerca de lo que El puede hacer en la nuestra por medio de la unción.

Nacida el 9 de Mayo de 1907, cerca de Concordia, Missouri, Kathryn creció hasta llegar a ser una adolescente alta, pelirroja, traviesa, inteligente y de voluntad firme. Aceptó al Señor a la edad de catorce años bajo el ministerio de un evangelista bautista durante una típica reunión de avivamiento en una pequeña iglesia metodista. La experiencia fue en muchas maneras un pronóstico de los años por venir. Para el asombro de su familia, iglesia y todos en el pueblo, fue tomada por el Espíritu Santo, llorando, temblando y cayó bajo gran convicción en el banco delantero.

"Todo el mundo cambió", dijo años mas tarde.

Yo pude identificarme bien con el llanto y el temblor.

Pocos años después de su conversión, se unió a su hermana Myrtle y al esposo de ella en un viaje evangelístico, y no mucho tiempo después, sintiendo la carga de los perdidos, partió sola en su propio ministerio evangelístico. Acompañada por la pianista Helen Gulliford, ministró a través del Oeste y Medio Oeste, de los Estados Unidos, por varios años. Y finalmente llegó a Denver, donde atraía grandes multitudes a las reuniones llevadas a cabo en un almacén.

De aquellas reuniones en 1933, durante la Gran Depresión, nació el Tabernáculo de Avivamiento de Denver, una gran obra que floreció. Durante este tiempo, ella era más que nada predicadora del Evangelio, y traía cientos y cientos de personas al Señor. Aunque como en muchos ministerios cristianos ocurrían sanidades cuando se oraba, su poderoso ministerio de milagros todavía estaba lejos. Pero una experiencia casi desastrosa se avecinaba. Afortunadamente, Dios tenía un plan para vencer las debilidades de Kathryn.

En 1937 invitó a un evangelista alto y bien parecido llamado Burroughs Waltrip, para que ministrara en el Tabernáculo. El se quedó por dos meses. Aunque estaba aún casado, había dejado a su esposa e hijos de la forma más odiosa. Kathryn perdió todo sentido de juicio y se enamoró de él. Cuando por fin el se divorció de su esposa, Kathryn se casó con él, a pesar de las súplicas de aquellos que la amaban. Así siguió a Waltrip hasta Iowa.

Su exitoso ministerio se destruyó, aunque parte de la obra en Denver continuó bajo otros líderes.

El ministerio de Waltrip en Iowa también fracasó. Así que, se fueron y viajaron extensamente alrededor del Oeste y el Medio Oeste, algunas veces ministrando juntos, pero la mayoría de ellas Kathryn se sentaba en silencio en la plataforma mientras él ministraba. Por la gracia de Dios la gente se salvaba y era bendecida bajo aquel ministerio, pero la vida salió de ambos, especialmente de ella.

Kathryn había dejado su primer amor, el Señor Jesucristo, y estaba muriendo. Según Jamie Buckinham, un escritor y pastor, ella había sabido por muchos años que era diferente. Su llamado era tan profundo, tan irreversible, que después de seis años no pudo soportar más su miseria. Waltrip también lo sabía, pero fue Kathryn quien actuó.

En *Hija del destino*, un libro escrito por Buckinham acerca de Kathryn Kuhlman después de su muerte, él citó sus propias palabras acerca de esta transición crítica en su vida:

Tuve que tomar una decisión. ¿Serviría al hombre que amaba o al Dios que amaba? Yo sabía que no podía servir a Dios y vivir con Míster (Ella llamó a Waltrip 'Míster' desde que lo conoció). Nadie conocerá jamás el dolor de la muerte como yo, pues lo amé más que a la misma vida. Y por un tiempo le amé más que a Dios mismo. Finalmente le dije que tenía que marcharme. Dios nunca me había librado de aquel llamado original. No solamente vivía con él [el esposo], sino que tenía que vivir con mi propia conciencia, y la convicción del Espíritu Santo era casi insoportable. Estaba cansada de tratar de justificarme a mí misma. Cansada, una tarde abandoné el apartamento --era en las afueras de Los Angeles-- y me encontré caminando por una calle bajo la sombra de los árboles. El sol trataba de colarse a través de las grandes ramas que se extendían sobre mí. Al final de la cuadra vi un letrero que decía simplemente: 'Final de la Calle'. Hubo un dolor en mi corazón, un dolor tal que es imposible ponerlo en palabras. Si alguien piensa que es fácil ir hasta la cruz, es sólo porque nunca ha estado allí. Yo sé. Y yo tuve que ir sola. Yo no conocía nada acerca de la maravillosa llenura del Espíritu Santo. No conocía nada acerca del poder de la tercera persona de la Trinidad, que estaba disponible para todos. Sólo sabía que eran las cuatro de la tarde de un sábado y que había llegado a un punto en mi vida donde estaba lista para rendirlo todo --hasta a Míster-- y morir. Lo dije en voz alta: "Querido Jesús, te lo doy todo. Te lo entrego a ti. toma mi cuerpo. Toma mi corazón. Todo lo que soy es tuyo. Lo pongo en tus maravillosas manos".

Por casi seis años Kathryn sabía que se engañaba a sí misma. Predicaba y buscaba la bendición de Dios sin vivir bajo los preceptos de Dios. Había pecado. Pero se arrepentía y volvía atrás aquel sábado por la tarde. Murió. Se convirtió en una semilla dispuesta a caer en la tierra y ser enterrada. En las palabras de Jamie Buckingham, "Se volteó" y comenzó a recorrer su camino de vuelta por la misma calle que había venido". Y lo hizo sola, con la excepción de un Dios amante y perdonador. "Nadie", dijo llorando suavemente muchos años más tarde, "sabrá nunca lo que este ministerio me ha costado. Sólo Jesús".

Comenté acerca de la "muerte" de Kathryn con Maggie Hartner años más tarde, y ella me hizo entender algo muy importante --algo de lo cual todos debemos aprender. En aquella hora de arrepentimiento y vuelta atrás, Kathryn estaba, como es de suponerse, golpeada por el dolor y la culpa.

El Señor, en un momento, le preguntó: "Kathryn, ¿te he perdonado?" Ella respondió: "Sí". Entonces Dios dijo: "Yo lo he olvidado, y en Mi libro no aparece; es como si nunca hubiera sucedido".

De aquel momento en adelante, y hasta mucho después en su vida, nunca más habló del asunto, tratándolo como Dios dijo que El lo había tratado.

Según las Escrituras, Dios ha echado los pecados perdonados tras sus espaldas y nunca los vuelve a mirar. Están tan lejos de El como el este lo está del oeste. Si continúas volviendo a El en busca de perdón, El en realidad no sabe de qué estás hablando. El arrepentimiento. El lavamiento en la sangre. El perdón. Un expediente limpio. ¿Quién era Kathryn Kuhlman para tratar el pecado de forma contraria a Dios? Esto nunca sucedió.

La puerta se abre

Dos años más tarde, luego de muchas altas y bajas y muchos rechazos por ser una mujer que había contraído matrimonio con un hombre "divorciado", Kathryn Kuhlman descendió de un autobús en Franklyn, en el oeste de Pennsylvania. Al fin la puerta estaba a punto de abrirse.

Comenzó una estadía larga en el Tabernáculo del Evangelio y durante ese tiempo inició un ministerio radial que habría de prosperar y, gradualmente, alcanzaría a todos los Estados Unidos. Finalmente llegó a Pittsburgh, donde estarían más tarde las oficinas centrales de su maravilloso ministerio.

Durante el tiempo en Franklyn, comenzó a luchar con el asunto de la sanidad. A veces predicaba acerca de la sanidad y las personas se sanaban, pero no era un énfasis en su ministerio, el cual estaba diseñado para llevar a las personas al nuevo nacimiento a través de Cristo. "En mi corazón sabía que había sanidad", le dijo a Buckingham, muchos años más tarde. "Había visto la evidencia en aquellos que habían sido sanados. Era real y genuina. Pero, ¿cuál era la clave?"

Un día vio un anuncio de una reunión en Erie que presentaba a un "evangelista sanador", y decidió asistir. Quizás allí encontraría la clave. Pero no fue allí, al menos para ella. El evangelista era ruidoso, aspaventoso y acrobático, lo cual no podía estar más lejos de su ministerio. La audiencia parecía enloquecer cuando él gritaba; ellos gritaban, clamaban y se retorcían. Vio evidencia de fraude en los alegatos de sanidad, y sólo pudo llorar. Las personas eran criticadas por su falta de fe, y esto los dejaba perplejos y sin esperanza.

Pero Kathryn, herida como estaba, todavía creía la Palabra de Dios, y buscó ayuda en ella.

Al fin y al cabo, el 27 de abril de 1947, ella comenzó a enseñar una serie sobre el Espíritu Santo. Quiero repetir aquí porciones de esas enseñanzas, según se encuentran en el libro de Buckingham, pues contiene la verdad que formaría el ministerio de Kathryn Kuhlman para el resto de su vida:

Veo en mi mente a las tres personas de la Trinidad, sentadas en una gran mesa de conferencias antes que tuviera lugar la formación del mundo. Dios, el Padre Santo, dio a los demás la noticia de que aunque el crearía al hombre para que éste tuviera comunión con El, ese hombre pecaría, y rompería esa comunión. La única manera en que esa comunión podría ser restaurada era si alguien pagaba el precio de ese pecado. Pues si otro no pagaba, el hombre mismo continuaría pagándolo en desventura, enfermedad, muerte, y finalmente el infierno mismo. Después que el Padre Santo terminó de compartir sus ideas, Su Hijo Jesús habló y dijo: "Yo iré. Yo tomaré la forma de hombre e iré a la tierra a pagar el precio. Estaré dispuesto a morir en una cruz para que ese hombre pueda ser restaurado a la perfecta comunión con nosotros". Después Jesús se volvió hacia el Espíritu Santo y dijo: "Pero no podré ir a menos que tú vayas conmigo -- pues tú eres el que tiene el poder". El Espíritu Santo respondió y dijo: "Sigue adelante, y cuando llegue el momento preciso yo me reuniré contigo en la tierra". Así que, Jesús vino a la tierra, nació en un establo, creció hasta ser adulto. Pero aunque era el mismo Hijo de Dios, no tenía poder. Entonces vino ese magnifico momento en el río Jordán cuando Jesús, levantándose de las aguas bautismales, miró hacia arriba y vio al Espíritu Santo que descendía como paloma. Debe haber sido uno de los momentos más emocionantes en la vida terrenal de Jesús. Y casi que puedo oír al Espíritu Santo decirle al oído: "Aquí estoy. Estamos a tiempo para comenzar. Ahora es cuando comenzarán a suceder las cosas". Y de cierto sucedieron. Lleno del Espíritu Santo, de pronto tenía poder para sanar enfermos, dar vista a los ciegos, y hasta resucitar a los muertos. Era la hora de los milagros. Por tres años continuaron, y luego, a! final, dice la Biblia que "entregó el espíritu", y el Espíritu volvió al Padre. Después que Jesús estuvo en la tumba por tres días, esa poderosa tercera persona de la Trinidad, el Espíritu Santo, volvió. Jesús se levantó de la tumba con un cuerpo glorificado. No hizo más milagros durante el corto tiempo que estuvo aquí, pero dio a Sus seguidores una gran promesa --la mayor promesa de toda la Biblia. Dijo que el mismo Espíritu Santo que había vivido en El volvería para vivir en todos los que abrieran sus vidas a Su poder. Las mismas cosas que El, Jesús, había hecho, Sus seguidores también harían. Es más, aun mayores cosas serían hechas, porque el Espíritu Santo no estaría limitado a un solo cuerpo, sino que estaría libre para entrar en todos aquellos que le recibieran en todo lugar. Las últimas palabras que dijo Jesús antes de marcharse fueron: "Recibiréis poder cuando haya venido sobre vosotros el Espíritu Santo". Dios el Padre le había dado a El este gran regalo. Ahora El lo está pasando a la iglesia. Cada iglesia debe experimentar los milagros del Pentecostés. Cada iglesia debe ver las sanidades del libro de los Hechos. El regalo es para todos nosotros.

La reacción es rápida

La noche siguiente, cuando Kathryn se levantó a predicar, una mujer se apresuró hacia el frente con su mano levantada.

--Kathryn, ¿puedo decir algo? --preguntó.

Kathryn Kuhlman, que no estaba acostumbrada a esta clase de interrupción, dijo, en la misma manera que después muchos aprenderían a amar:

--Claro, querida, desde luego que puedes decir algo.

--Anoche, mientras usted predicada, fui sanada --dijo ella suavemente.

Posiblemente por una sola vez en su vida, Kathryn quedó sin habla. No había tocado ni visto a aquella mujer antes, mucho menos había orado por ella.

--¿Dónde estabas? --logró al fin preguntar.

--Estaba sentada en la audiencia.

Kathryn dijo:

--¿Y cómo sabes que fuiste sanada?

--Tenía un tumor. Había sido diagnosticado por mi médico. Mientras usted predicaba algo sucedió en mí cuerpo. Estaba tan segura de haberme sanado que volví a mi médico esta mañana y lo verifiqué. El tumor ya no está ahí.

La unción milagrosa había venido.

Otra sanidad ocurrió el siguiente domingo, y el siguiente, y el siguiente, y así en adelante, según el poder de Dios cobró fuerza a través de su ministerio, hasta que el Señor se la llevó en 1976.

No todos hemos sido llamados o capacitados para sanar a otros como Kathryn. Pero si estamos dispuestos a dar a Dios todo, sin tomar en cuenta el costo, El ungirá nuestras vidas, y nos guiará a hacer grandes obras para El a través del poder de Su magnífico Espíritu.

¿Estás dispuesto a pagar el precio? Recuerda, no podrás nunca dar más que Dios. Cualquier cosa a que renuncies y entregues a El, El te la devolverá a través de la unción con creces, muy por encima de lo que jamás podrás imaginarte.

Capítulo 7

¿Qué es esto?

La gente encuentra en la Biblia muchas verdades y enseñanzas imposibles de describir. Una de ellas tiene que ver con la gloria de Dios, pero ¿qué es esta gloria?

Algunos asocian la gloria con una experiencia íntima que puedan haber tenido, una experiencia en la cual Dios parecía estar muy cerca de ello; pero les faltan las palabras cuando tratan de describirla.

La verdad es que la gloria de Dios es la persona y la presencia de Dios, la gloria es el Espíritu Santo. Cuando experimentas Su presencia, la sobrecogedora realización de que el Dios Todopoderoso está tan cerca que casi lo puedes tocar, entonces has experimentado la gloria de Dios. Sientes el calor de Su amor, el confort de su paz. Esto es una unción, en un sentido, desde luego; una unción que trae la presencia.

La maravillosa experiencia de la presencia hace que te preguntes: "¿Quién soy yo para que tú, el Creador del universo, me permitas estar en Tu presencia?" Es la misma pregunta que David el salmista se hacía:

Cuando veo tus cielos, obra de tus dedos,
La luna y las estrellas que tu formaste,
Digo: ¿Quién es el hombre, para que
tengas de él memoria,
Y el hijo del hombre, para que lo visites?
Salmo 8:3-4

Cuando experimentas la presencia y la gloria de Dios estás en completo asombro. ¿Cómo puede Dios ser tan grande para crearlo todo, y sin embargo, tan pequeño, por decirlo así, y tan cercano para que tú, un grano de polvo a quien El dio vida, puedas conocer la intimidad de Su presencia y amor? Te sientes como si te hubieran llevado al trono del cielo y te hubieran dado una audiencia privada con Dios. Sus brazos parecen rodearte y abrazarte en su amor. Los afanes del mundo se olvidan.

Pero hay más. Cuando la presencia de Dios viene, vienen también sus atributos. Piensa en la experiencia de Moisés, que se encuentra en Exodo 33:18ss.

"Te ruego que me muestres tu gloria", dijo. Y nótese la petición: Pidió *ver* la gloria de Dios, creyendo que podía ser conocida y experimentada.

Y Dios contestó, "Yo haré pasar todo mi bien delante de tu rostro, y proclamaré el nombre de Jehová delante de ti; y tendré misericordia del que tendré misericordia, y seré clemente para con el que seré clemente".

El bien, la misericordia y la clemencia iban a serle mostradas en una forma concreta y visible. Con la presencia vendría la naturaleza, los mismos atributos del propio Dios. Mira lo que sucedió unos versículos más adelante:

Y Jehová descendió en la nube, y estuvo allí con él, proclamando el nombre de Jehová. Y pasando Jehová por delante de él proclamó: ¡Jehová! ¡Jehová! fuerte, misericordioso y piadoso; tardo para la ira, y grande en misericordia y verdad; que guarda misericordia a millares, que perdona la iniquidad, la rebelión y el pecado, y que de ningún modo tendrá por inocente al malvado; que visita la iniquidad de los padres sobre los hijos y sobre los hijos de los hijos, hasta la tercera y cuarta generación.

La gloria, o la presencia, viene y asimismo los atributos: gracia, misericordia, perdón, compasión, bondad.

Las vidas son cambiadas para la eternidad. En pocas palabras, el Espíritu trae el fruto del Espíritu, como se describe en Gálatas 5:22-23. Y el fruto debe venir antes que venga la unción para el servicio.

Entonces hay poder

Sí, la presencia de Dios es Su gloria, Su personalidad, Sus atributos. El Espíritu Santo, Dios, es una persona que quiere ansiosa y amantemente hacerte conocer Su presencia. Y de ser posible, ahora y para siempre, que vivas en esa presencia.

Quiero que experimentes la verdad de que la presencia del Espíritu Santo puede y debe llevarte a la unción para el servicio. La presencia debe venir antes de la unción.

¿Y qué es la unción? *Es el poder de Dios.*

Dilo en voz alta: *La unción es el poder de Dios.*

¿Simple? Claro --aunque estamos hablando del poder que excede todo lo que el hombre pueda generar--. Es el poder que creó los cielos y la tierra. Es el poder que creó al hombre. Es el poder que levantó a Cristo de los muertos. Es el poder que traerá a Cristo desde la diestra de Dios hasta la tierra a la hora dispuesta, y causará que todas las cosas sean hechas nuevas.

Quiero que comprendas bien: La presencia de Dios, el Espíritu Santo, lleva a la unción del Espíritu, el cual es el poder de Dios, y el poder de Dios trae la manifestación de la presencia. La unción misma --una unción del Espíritu Santo-- no puede verse, pero el poder, sus manifestaciones, sus efectos, pueden y deben verse. Es por eso que yo le llamo "la unción tangible". Esto, desde luego, está en armonía con la enseñanza del Señor a Nicodemo en Juan 3:8 de que el Espíritu sopla como el viento, en cuyo caso sus efectos pueden ser vistos.

Más allá del mismo mensaje de salvación, las más explosivas palabras de la Escritura salieron de la misma boca de Cristo y están escritas en Hechos 1:8. Estas palabras son vitales para la verdad de la unción:

Pero recibiréis poder, cuando haya venido sobre vosotros el Espíritu Santo, y me seréis testigos en Jerusalén, en toda Judea, en Samaria, y hasta lo último de la tierra.

¡Tremendo! Recibiréis poder --la unción, los dones espirituales-- después que el Espíritu Santo --la presencia, la persona, el fruto-- venga sobre vosotros.

¿No lo ves? El fruto del Espíritu, que tanto falta en la iglesia hoy, está conectado a la *presencia* de Dios. Los dones y el ministerio de Dios, que también tristemente faltan, están ligados *al poder* de Dios.

¿Qué son los frutos? Son las cualidades, o características --atributos-- de una persona, en este caso Dios. Comienzan *dentro* de ti, donde mora Dios si eres creyente. Dios dice: "Yo entraré, y Mi fruto entrará conmigo. Yo salgo, y Mi fruto sale conmigo".

No es así con el poder. El poder de Dios viene *sobre* ti, como un don. Se queda contigo. Como Pablo escribió a los romanos, hablando de la condición actual y futura de los judíos: "Porque irrevocables son los dones y el llamamiento de Dios" (Romanos 11:29). Sí, no es una verdad fácil, pero es posible que la presencia de Dios se vaya y queden los dones, al menos por un tiempo. Pero a la larga esto llevará al desastre.

Dios no está dividido

El fruto del Espíritu, el cual viene con la presencia, no es progresivo; es instantáneo. Nada nos sugiere que el fruto entra en tu vida y luego "crece". Recuerda, no son *tus* frutos o atributos; son los de *Dios*. Y El no se divide a sí mismo cuando entra en ti. Como tampoco crece dentro de ti. El viene en toda su plenitud. Las características de la justicia deben y pueden brillar en tu vida desde el mismo momento. ¡Recibes a Dios completo!

Sin embargo, sus frutos, deben brillar en ti cuando te conviertes en su embajador. Deben tocar y afectar cada vida que contactas, pues se requiere más que valentía y una voz potente para ser un embajador del Evangelio en el mundo.

Detente por un momento y piensa. Piensa con sinceridad. ¿Es este el caso en tu vida? Si no, la cuestión no es de unción ni de poder. El asunto es la presencia del Espíritu Santo. ¿Estás experimentándolo día tras día, momento tras momento?

Estoy seguro de que estás diciendo: "¡Por favor, Benny! Toma tiempo desarrollar los frutos".

No, querido amigo; estás equivocado. Mira al apóstol Pablo, llamado antes Saulo, un hombre a quien el Espíritu de Dios derribó en el camino de Damasco. El cayó y salió de allí transformado en un hombre nuevo. Había sido un asesino, e inmediatamente después de su experiencia con la presencia de Dios el Hijo por medio de Dios el Espíritu Santo, dejó de serlo. Antes de eso, no tenía un verdadero conocimiento de Dios. De pronto, sin embargo, conoció a Dios y vivió para El. Hasta estuvo dispuesto a morir por El. No necesitó diez años para cambiar.

Pablo estaba bajo el poder y oyó la voz de Dios. Ezequiel estaba bajo el poder y oyó la voz de Dios. ¿Por qué? Porque el Señor estaba presente, y producía virtud. La Escritura está llena de casos similares.

Mi amigo, la voz de Dios se oye en Su presencia, y esto te permite que bajo la unción hables *tus palabras* y que produzcan resultado. Permíteme decirlo nuevamente: La presencia de Dios lleva *Su* voz; los dones de Dios llevan *la tuya*. Por eso, en Hechos 1:8, Jesús dijo que los discípulos llenos de poder serían Sus *testigos*. El poder es para el servicio, no meramente para que la piel se te ponga como de gallina, toda erizada cuando sientes el poder.

Poder desde el principio

Los cristianos tienden a pensar acerca del Espíritu Santo en el contexto del Nuevo Testamento solamente, y esto es un error. El tremendo poder del Espíritu Santo se puso de manifiesto en la creación, así como en otras ocasiones en la historia de la redención. Génesis 1:2 nos dice que cuando la tierra estaba desordenada y vacía, y las tinieblas estaban sobre la faz del abismo, "el Espíritu de Dios se movía sobre la faz de las aguas". El Espíritu Santo estaba presente en la creación como parte de la Deidad, siendo esta la primera manifestación de Dios sobre la tierra. El siempre será la primera manifestación de Dios en tu vida.

Al estudiar la unción del Espíritu Santo, el cual es el poder de Dios, quiero que siempre recuerdes quién es el Espíritu. A veces es representado por una paloma, pero no es una paloma. A veces es pintado como una llama de fuego, pero no es fuego. A veces es visto como aceite, o agua, o viento, pero no es ninguno de éstos.

Es un ser espiritual. Pero aun sin forma física, es una persona más real que tú o que yo. Es el poder de la Deidad.

¿No es extraño que, a través de la historia, el hombre ha buscado el poder, y aun hasta hoy, igual que ayer, los hombres y las mujeres generalmente tratan de edificar y exhibir su propio poder en vez de abrazar el poder más grande y verdadero que existe? Estaban tratando de hacerlo cuando la torre de Babel (Génesis 11), y todavía están tratando. Cuando ocurra la potente conmoción de Dios (Hebreos 12:26), el poder más grande de la humanidad se desplomará como polvo.

La fuerza combinada de todas las bombas nucleares hechas en este asustado mundo, la fuerza combinada de toda inundación y huracán que golpee la tierra, la fuerza combinada de Satán y todos los demonios esclavos suyos juntos, son como los fuegos artificiales más débiles comparados con el poder del Dios Todopoderoso, Creador del cielo y de la tierra.

Ahora, amado, ese es el poder con que el Señor quiere investirte.

A pesar de la rebelión contra Dios que encontramos en la gran mayoría de la sociedad, hay millones de personas que tienen hambre de la realidad que sólo se encuentra en un Dios real. Por eso, nuestras reuniones mensuales de milagros que efectuamos por todos los Estados Unidos, atraen tantas personas en cada lugar. Cuando sentamos a unos quince mil entusiastas creyentes, nos vemos obligados a no dejar entrar a unos cuatro mil buscadores frustrados. Es que Dios ha escogido moverse con poder extraordinario en nuestros tiempos, honrando la predicación del Evangelio con señales y maravillas, como dijo en la Escritura que haría. Esto obviamente es un tiempo muy importante en nuestra historia, y nosotros --todos nosotros-- necesitamos la unción del Espíritu Santo para desempeñar los papeles que El nos está llamando a realizar. Y estoy totalmente optimista. El hará lo que prometió.

El propósito de este libro es ayudarte a satisfacer esa necesidad en tu vida.

Capítulo 8

Debes tenerlo

Si quieres ser usado por Dios, la unción es indispensable, no importa la posición en que estés. En sí misma conlleva una responsabilidad mayor que la presencia de Dios, pero no puedes estar sin ella.

Su presencia puede ser tuya, y puedes tener comunión con El regularmente, amarle, andar con El, sin tener nunca un ministerio. Pero al instante en que entres al ministerio, necesitas del poder para luchar contra los demonios, las enfermedades, y los poderes del infierno. No importa cual sea tu llamado ministerial, necesitas el poder de la unción si quieres llevarlo a cabo. Sin ella, nunca lograrás lo que Dios quiere que hagas.

No estoy exagerando el caso. La unción es obligatoria si has sido llamado a servir al Señor. Sin ella no habrá crecimiento, ni bendición, ni victoria en tu ministerio.

Es que, tan duro como suena, yo puedo tener la maravillosa presencia de Dios en mi vida --y no la cambiaría por nada-- y puedo pararme detrás de un púlpito y ministrar. Pero sin poder, yo sería el único que lo disfrute. Los demás no verían nada en absoluto. Cierto, pueden sentir Su presencia, pero como cristianos todos debiéramos sentirla. No habría conversiones, ni sanidades, ni pudiéramos atar al enemigo. El poder es esencial.

Recuerda cuánto énfasis he hecho en las palabras de Jesús antes de su ascensión: "Recibiréis poder, cuando haya venido sobre vosotros el Espíritu Santo, y me seréis testigos". Después que vino el poder se salvaron tres mil, luego otros cinco mil, y luego Jerusalén entera se conmovió. Ese es el poder que debes tener para todo servicio a Dios. Junto con su presencia, será la mejor añadidura que tenga tu vida.

Cuando me sitúo detrás del púlpito, siempre digo: "Señor, úngeme hoy, o mis palabras serán muertas", y yo sé, sin lugar a dudas, que si el Señor no hubiera escogido revestirme de Su poder, no tuviera iglesia. Las vidas no serían cambiadas, las almas no serían salvadas, los cuerpos enfermos no sanarían.

Vendrá un crecimiento

Ahora que tienes la unción que Dios te da, El te confiará más. Verás, la presencia que vino sobre mí en 1973 en mi cuarto en Toronto, no ha cambiado. Aún es la misma presencia. Aún es la misma intimidad maravillosa. Es cierto que te acercas más al Señor porque le conoces mejor y El te enseña más, pero es la misma presencia.

Por otra parte, la unción crece. El te da un poco y te observa. Luego te da más. Pero antes de darte más, hay lecciones adicionales que aprender, más batallas que librar.

Cada vez que la unción es aumentada sobre mí, por ejemplo, atravieso por un período de aprendizaje de nuevas cosas acerca de El y de Sus caminos --¿por qué sucedió esto y aquello no?--. Encuentro crecimiento y emoción sin fin.

En mi caso, desde 1974 hasta 1980, con mi propio ministerio en Canadá y también con el ministerio con la Fundación Kathryn Kuhlman, lo principal que aprendí fue que la unción dependía totalmente de mi obediencia. Y esto es absolutamente esencial. La unción, el poder, viene a través de la obediencia. ¿Qué haces con lo poco que te da? Obedécele y crecerá. Desobedécele y terminará.

Un buen ejemplo fue lo que me ocurrió al principio de mi ministerio en Canadá. Estaba sentado antes de un servicio, y yo sabía que el Señor iba a hacer algo nuevo en mi ministerio. De alguna manera yo sabía que no debía preguntar qué sería. "No me preguntes"; fue todo lo que oí.

Al proseguir el servicio, impuse las manos sobre una persona que necesitaba ayuda, y nada sucedió. Una segunda persona vino y nada sucedió, no cayó bajo el poder, nada. Después de la tercera persona, yo era un manojo de nervios.

Luego algo dentro de mí susurraba, "Di: 'El poder del Espíritu va a través de ti'".

"¿Por qué voy a decir eso?" La cuarta persona, nada. Luego la quinta, nada. Y la sugerencia continuaba: "Di: 'El poder del Espíritu va a través de ti'".

Finalmente comencé a darme cuenta. "Señor, ¿estás enseñándome algo nuevo?"

"Empieza a hacer lo que te digo", replicó.

Cuando, la próxima persona vino, yo dije: "El poder del Espíritu va a través de ti". ¡*Bang!* Allí mismo cayó. Lo mismo con el próximo, y el próximo, y el próximo.

"¿Qué pasa?" me pregunté.

Por fin entendí que la unción dependía de *mis* palabras. Dios no se mueve a menos que yo lo diga. ¿Por qué? Porque El nos ha hecho colaboradores suyos. El lo estableció así.

Las lecciones continuaban durante aquellos días. Para entonces, la gente encontró sanidad, pero no cuando se quedaba sentada en sus asientos. Tendrían que venir al frente, y yo imponía las manos sobre ellos antes que viniera la sanidad. Pero un día, oí la voz dentro de mí: "Reprende la enfermedad públicamente". Tuve una conversación con el Señor similar al ejemplo anterior y finalmente dije en voz alta: "En el nombre de Jesús, reprendo toda enfermedad en este lugar".

Dentro de mí el Señor me dijo: "Dilo otra vez".

Obedecí: "En el nombre de Jesús reprendo toda enfermedad en este lugar".

"Una vez más", me dijo.

Y lo dije una vez más. Lo más maravilloso sucedió. Instantáneamente supe que en un balcón una persona estaba siendo sanada y lo dije según lo oí: "Las caderas y las piernas de una persona están siendo sanadas".

Por largo tiempo no hubo respuesta, y entonces, finalmente, una mujer bajó y dijo que había sido sanada en el instante que lo dije.

Desde ese mismo momento, comencé a aprender que la unción no va a fluir y tocar a nadie si yo tengo miedo. Es preciso ser atrevido. Debo usar las armas que El me ha dado, Sus palabras y Su nombre. El dijo: "¡En Mi nombre, hazlo!"

Esto es muy importante: Quienes tratan de usar estas armas en Su nombre, y no tienen Su presencia y Su unción, no son más que unos tontos. Todo el que pronuncie: "Por sus llagas soy sanado", y no tiene Su presencia, está perdiendo su tiempo.

Quiero decirlo nuevamente: La presencia vino a mi vida y tuvo comunión conmigo durante todo ese año que estaba yo solo con el Espíritu Santo en mi cuarto en Toronto. El me ayudó, me consoló, y me enseñó. Después de un tiempo me dio la autoridad, el poder, para cumplir Su palabra: "En mi nombre echarán fuera demonios". "En mi nombre sobre los enfermos pondrán las manos y sanarán". "En mi nombre".

Yo no estaba hablando ni actuando en ignorancia, sino en conocimiento y obediencia. Yo le conocía y le obedecía. Eso es todo. Si tienes una relación con El y te rindes a sus mandatos, Su nombre tendrá poder en tu vida. Si no lo haces así, los demonios se burlarán de ti. No, debes rendirte a la voluntad de Dios en el servicio de Dios para obtener el poder de Dios.

Claro que ha habido tiempos en los que pensé que Dios iba en una dirección y no era así. Yo fui por aquella dirección y me caí sobre mi rostro cada vez. Pero me levantaba inmediatamente, encontraba el camino correcto, y la unción volvía.

El principio del valiente

Durante los años ochenta continué aprendiendo. Estaba con Reinhard Bonnke, el evangelista sanador con ministerio asombroso en Africa, y otros que estaban sirviendo al Señor en poder. Aprendí mucho de ellos entonces, y aún aprendo.

Por ejemplo, un día oí a Bonnke clamar: "Demonio de ceguera, ¡te ordeno en el nombre de Cristo que salgas!"

"¿Qué es esto?", pensé. Ni siquiera sabía que hubiera un demonio de ceguera. No podía recordar haber tenido algún ciego que se hubiera sanado durante mis servicios, pero a él se le sanaban los ciegos a diestro y siniestro. "Vaya", dije a mí mismo, "¿puede ser verdad esto?"

Así que, probé esta orden en mis servicios, y más ciegos fueron sanados de los que jamás pude imaginarme.

Continuando con el estudio de la Escritura, aprendí que el Señor siempre lidió con los fuertes. Nunca con pequeños demonios, siempre persiguió los grandes, los príncipes que controlaban a los pequeños.

En mis cruzadas de sanidad, el Señor a menudo me muestra uno de esos fuertes, y yo me le enfrento directamente: "espíritu de flaqueza"... "espíritu de muerte". Y ahí es cuando comienzan a suceder los milagros. El poder es increíble cuando me dirijo a los fuertes y les ordeno: "En el nombre de Jesús, libra a esta persona". Casi que puede oírse. *Whoooosh!* El poder surge a través del auditorio.

He oído a personas gritar, totalmente tomadas por sorpresa, en el momento de ser liberados y sanados.

De esta manera he aprendido más y más acerca de la unción. Y esto levanta el punto de conocimiento de la Biblia. La unción depende de la obediencia, sí, pero el conocimiento de la Escritura es también la clave de la obediencia. Porque mientras más conoces acerca de Dios, más El puede confiarte Su poder.

A menudo pienso acerca de las preguntas de Kathryn Kuhlman: "¿Le conoces de verdad? ¿Sabes lo que le agrada?" Y creo que puedo contestarle: "Sí, Kathryn, creo que sí le conozco". Pero no le conozco a cabalidad todavía; aún estoy aprendiendo. Creo que jamás cesaré de aprender, y creo que tú tampoco.

Varias veces he llegado al punto en que digo: "Lo he alcanzado", y entonces El hace algo nuevo y fresco. El está lleno de sorpresas. El hará las cosas de una manera por un tiempo, y luego la unción fluye y las hace de modo diferente --nunca contrario a Su palabra, por supuesto.

Risa en Lisboa

Durante un servicio en Lisboa, Portugal, aprendí algo acerca del Señor que todavía me asombra. Todo giró alrededor de una mujer de unos cuarenta y cinco años de edad, una típica mamá con un pañuelo alrededor de su cabeza, pero sin emoción alguna, y muy callada. Comencé a orar por ella, y al momento que la toqué, cayó bajo el poder del Espíritu y comenzó a reír incomprensiblemente. Su cara se enrojeció al instante, y estaba radiante, y reía --no ofensiva sino hermosamente.

Entonces comenzó a rodar por el piso en éxtasis, totalmente transformada. Esta mujer normal, con su cabeza bien puesta, sin maquillaje, sencilla, comenzó a reír con la más hermosa risa que jamás yo hubiera visto. Y rodaba de atrás hacia adelante, de atrás hacia adelante. Le dije a mis asistentes que no la tocarán; yo estaba tan impresionado que quería observarla y aprender algo nuevo acerca del Espíritu Santo. Estaba seguro de que todo el episodio era demasiado hermoso para ser "en la carne". En realidad quería detenerme y preguntarle: "¿Qué le está sucediendo?" pero no podía. Ella estaba en un éxtasis total.

Cuando ella por fin cesó, no podía hablar; estaba simplemente asombrada. Finalmente, dijo por medio de un traductor: "Fue imposible de describir". Desesperadamente hubiera querido hablar Portugués para haber aprendido más.

El Señor me enseñó algo nuevo ese día. Yo había oído a Kathryn hablar de la risa santa, pero nunca la había oído. Desde aquella lección, la he presenciado muchas veces a través de mi ministerio. Cuando no es en la carne, lo cual es bien feo, es un perfecto ejemplo de éxtasis. Le he rogado al Señor que me la dé algún día, pues El es verdaderamente maravilloso en Su gran amor por Su pueblo.

Dios es quien manda

Como ya he dicho, mi ministerio dio grandes saltos hacia adelante en 1990 cuando el Señor me dijo que comenzara cruzadas de milagros mensuales a través de los Estados Unidos, además del ministerio pastoral en el Centro Cristiano de Orlando.

Ha habido muchos eventos extraordinarios. Uno que parece suceder en cada cruzada, generalmente en las reuniones de enseñanza en la mañana del segundo día, es la directiva del Señor de estar en silencio, con los ojos cerrados y las manos en alto. El Señor me dirá: "Di: 'Ahora' y yo les tocaré". Eso es todo lo que me dice que haga: "Di: 'Ahora'".

Es maravilloso! Yo lo hago, y enseguida hay jadeos y hasta gritos cuando cae el poder. Abro mis ojos e invariablemente dos tercios de diez mil o más presentes caen al piso. Ocurren sanidades de todo tipo, y Dios se da a conocer poderosamente.

Hay otras maneras en las cuales el Espíritu ha derramado frescura sobre nosotros. Por ejemplo, comencé a notar que Dios estaba sanando a ateos. Estaba tocando protestantes, católicos, pentecostales, no pentecostales, carismáticos, no carismáticos, a todos --hasta a aquellos que en mi opinión no habían nacido de nuevo ni viviendo por el Señor ni nada.

Obviamente debo aprender, y recordar --como todo el mundo-- que no podemos limitar a Dios. No podemos decirle quién debe recibir milagros y quién no. Y nuestro amor debe ser tan inclusivo como el Suyo.

Le pregunté a un conocido hombre de Dios por qué eran sanados los incrédulos, y él me preguntó a su vez: "¿A quiénes sanó Jesucristo?"

No tuve otra respuesta que: "Tienes razón. El sanó a los incrédulos".

Por tanto, he estado aprendiendo --reaprendiendo-- que estamos tratando con la gracia de Dios y no con nuestras propias obras. Si El quiere tener misericordia de alguien que viene a mis reuniones por curiosidad o quizás para burlarse, yo simplemente puedo decir: "Todavía estoy aprendiendo".

Capítulo 9

Tres unciones

La Escritura revela tres unciones del Espíritu. El conocerlas te ayudará a enfocar mejor tu potencial como cristiano.

La unción del leproso

Primero encontramos la *unción del leproso*. Levíticos 14 enseña que el leproso permanecía fuera del campamento y que el sacerdote tenía que ir a él y aplicar la sangre del sacrificio, traerlo al campamento, aplicar la sangre nuevamente, y luego aplicar el aceite, haciendo "expiación por él delante de Jehová".

Cada cristiano nacido de nuevo ha experimentado la unción del leproso, la cual tiene que ver con la salvación. La lepra en este caso es un tipo del pecado, incurable en el mundo natural, pero curable por Dios. El pecado es igual, el hombre no puede hacer cosa alguna para removerlo, ni tampoco sus efectos.

En la limpieza ceremonial del Antiguo Testamento, era aplicada la sangre del animal sacrificado. En el Nuevo Testamento encontramos que la única cura para el pecado, tanto entonces como hoy, es la sangre de Jesucristo. Los sacrificios de animales de Levítico simplemente miraban de antemano al perfecto sacrificio del Cordero de Dios. Eran meras sombras; Jesucristo es la sustancia.

En Juan 1:29, Juan el Bautista ve que Jesús se acerca, y declara: "He aquí el Cordero de Dios que quita el pecado del mundo". Para aquellos que le conocieron, Jesús era el Cordero de Dios. Jesús también fue el único sacrificio que podía expiar los pecados del mundo.

En la limpieza ceremonial de Levítico, se aplicaba primero la sangre, luego el aceite. La aplicación de la sangre del sacrificio simbolizaba la sangre de Cristo, mientras que la aplicación del aceite representaba el toque y la influencia del Espíritu Santo sobre una vida.

Al igual que la sangre de Jesucristo fluye hacia todos los que invoquen su nombre, la unción del leproso cruza toda barrera nacional e interdenominacional. Pues cuando alguien experimenta la gracia de Jesucristo, es el Espíritu Santo quien le convence de pecado y le da seguridad del perdón de Dios.

Así que, al ser salvo experimentamos la primera unción --la unción del leproso-- la cual revela el poder de la sangre a través del aceite y de la unción que es derramada sobre nosotros.

La unción sacerdotal

Como creyente, lavado por la preciosa sangre de Cristo, nacido de nuevo y sellado con el Espíritu Santo, tú puedes y debes continuar hacia la segunda unción: *la unción sacerdotal*. Muchísimos creyentes no tienen conocimiento de este nivel de actividad del Espíritu Santo en sus vidas, y no tienen idea de cómo recibirlo. Si eres uno de ellos, que no tienes indicación alguna de esta bendición, sigue leyendo, y descubrirás y entrarás en la unción de poder adicional que Dios ofrece.

Debo enfatizar la importancia de este paso, puesto que cada miembro del cuerpo de Cristo debe tener un ministerio. Y éste es la unción para ministrar al Señor, incluyendo el ganar almas para Cristo; pero no el servicio en batallas contra el diablo y contra la enfermedad y la muerte, sino ministrar a El como sacerdotes. Pues todos somos sacerdotes de Dios, aunque no necesariamente ordenados para situarnos detrás de un púlpito o conducir servicios evangelísticos o de sanidad.

Si, pues, somos ministros de Dios, debemos tener el poder del Espíritu para serlo. Y esto significa que debemos ser bautizados en el Espíritu Santo, lo cual es la unción sacerdotal del Espíritu Santo sobre nosotros. Sin ella, lograremos poco.

También --y esto es importante-- la unción sacerdotal se hace evidente por la unidad del Cuerpo de Cristo como la vida en el reino de Dios. Con demasiada frecuencia he conocido autodenominados portadores de esta unción que son lobos solitarios. Creen que "sus" llamamientos y "sus" ministerios son tan extraordinarios que pasan por alto el Cuerpo de Cristo. Realmente, pasan por alto a Dios.

Cuando la genuina unción sacerdotal se experimenta, habrá unidad y armonía. Recuerda el Salmo 133: "Mirad cuán bueno y delicioso es habitar los hermanos juntos en armonía! Es como el buen óleo sobre la cabeza, el cual desciende sobre la barba, la barba de Aarón, y baja hasta el borde de sus vestiduras".

No existe tal cosa como una unción sacerdotal privada; ésta viene en unidad, así como la iglesia funciona como un cuerpo.

El día de Pentecostés, en el libro de los Hechos, 120 personas se habían reunido --unánimes-- en el Aposento Alto, y el Espíritu Santo vino sobre ellos con fuego y poder. Salieron de aquel cuarto y ministraron al Señor, dando testimonio a las multitudes reunidas allí. ¡Tres mil se salvaron! ¡Qué unción! Claramente, Dios estaba presente.

Esta unción sacerdotal no sucede una sola vez, como la unción del leproso. Según el Antiguo Testamento, los sacerdotes eran ungidos con aceite día tras día. Lo mismo sucede con nosotros bajo el nuevo pacto. Necesitas una unción diaria.

La unción sacerdotal trae la presencia, la comunión, la intimidad con el Espíritu Santo. Viene el conocimiento por revelación, pues en la unción del leproso somos presentados a Dios de una manera extraordinaria y hermosa, y vemos nuestra necesidad total de Jesucristo. Pero en realidad no entendemos mucho más.

Es muy triste que los cristianos se queden en el nivel del leproso, por su propia voluntad. No buscan más, simplemente no se rinden. Sus oídos están cerrados a la voz de Dios.

Y la Biblia claramente nos dice que Jesús dijo: "Mis ovejas oyen mi voz". Si en verdad eres una de sus ovejas y has recibido la unción sacerdotal, conocerás Su presencia y oirás la dulce voz de Dios con regularidad. Pero no es una experiencia de un día; debe ser renovada.

A veces Dios te revelará verdades extraordinarias; otras, simplemente te permitirá sentir cuánto El te ama. Posiblemente te corrija o te instruya en algún asunto; quizás haga que un pasaje de la Escritura en particular salga a la luz mientras lees Su palabra.

Aunque rara o ninguna vez oigas una voz audible, El tiene muchas avenidas a través de las cuales hablarte. La comunicación regular de Dios no depende de cuán alto el grite, sino de cuánto tú prestes atención. Dice Mateo 11:15 "El que tiene oídos para oír, oiga". Debes tomar tiempo cada día para permanecer callado ante el Señor, para que el silbo apacible de su voz pueda ser oído. Al leer la Biblia, ten comunión con el Espíritu Santo y escucha, experimentarás ese refrigerio diario que te mantiene el corazón encendido de amor hacia el Maestro.

La unción del leproso (la salvación) se experimenta una vez y para siempre y no puede perderse a menos que voluntariamente tú te alejes de ella. Dios nunca te dejará a menos que tú le dejes a El. Esto requiere la decisión de que prefieres perderte a salvarte.

La unción sacerdotal (la presencia), por el contrario, puede perderse, puesto que si el pecado entra a tu corazón ésta se retira. Por eso debe ser renovada a diario; ella te traerá a la presencia de Dios --tan cerca, tan real, que las lágrimas correrán por tus mejillas.

La unción regia

Una vez que hayas experimentado la unción del leproso, y avanzado hacia la unción sacerdotal, no te detengas allí. Son importantes y maravillosas, pero hay más.

Nada puede compararse con *la unción regia* (de rey), la más poderosa de todas. Esto lleva a la persona a un lugar de autoridad elevada en Dios, dándole dominio sobre los demonios, el poder de echarlos fuera con una sola palabra. Sólo esto te dará el poder para poner en fuga a los enemigos de Dios como lo hizo el apóstol Pablo.

La unción regia es la más difícil de recibir. Mientras que la unción del leproso viene *al aceptar a Jesús* y la unción sacerdotal *al tener comunión con Jesús,* la unción regia viene *al obedecer* a Jesús.

Es cuando escuchas la palabra *rhema* del Señor, hablada sólo para ese momento --que dice: "Así dice el Señor"-- que recibes la unción regia. Tú sabes, existe el *logos,* o la palabra escrita --la Biblia--. Pero esto no te da la unción, aunque el *logos* es tremenda pero tremendamente importante, pues permanece para siempre en los cielos.

Aumenta en las cruzadas

Esta unción se acentuó más en mi vida cuando el Señor me indicó en 1990 que comenzara a dar cruzadas mensuales alrededor del país, lo cual he estado haciendo desde entonces. Simplemente obedecí, y la unción adicional estaba allí, aunque yo he crecido en ella a pasos agigantados. Sé que la mayor unción ha venido directamente por la obediencia.

Yo conocía esta unción desde antes, pero en las cruzadas empecé inmediatamente a recibir poder para echar fuera demonios de enfermedad y aflicción y a recibir dirección específica en cuanto a lo que el Espíritu Santo está haciendo en las multitudes de doce a quince mil que se reunían cada noche. Cientos de sanidades verificadas y miles de conversiones han ocurrido, incluyendo personas que se han levantado de sus sillas de ruedas o han dejado sus muletas. Varios ojos que no veían obtuvieron la vista, y oídos que no oían han sido abiertos, y estos casos se han verificado.

En una cruzada en Tulsa, Oklahoma, una mujer de Oklahoma City que estaba en una silla de ruedas fue sanada en presencia de miles de personas, mientras estaba en la plataforma, de lo que se conoce como un síndrome de espalda deteriorada, con daños en los nervios y deformidad de los huesos. Ella reportó que los médicos le habían dicho en una clínica de Oklahoma City que, a causa del daño causado a los nervios, nunca más caminaría. Cuando preguntamos por ella un tiempo después, se nos dijo que estaba "bien" y sin la silla de ruedas.

También en Tulsa, donde la unción era muy fuerte, una mujer de Hobbs, Nuevo México, diagnosticada con leucemia crónica por un médico en Albuquerque, fue sanada y luego obtuvo certificación de que estaba libre de la leucemia.

En mi programa diario de televisión, el cual también es el resultado de una directiva del Señor al mismo tiempo de la orden de dar las cruzadas, mostramos escenas de varias cruzadas a la vez que oramos directamente por las personas. Una mujer de Las Vegas, la cual tenía un diagnóstico de leucemia linfocítica, fue sanada mientras observaba el programa. Su sanidad fue confirmada por su médico, quien dijo nunca haber visto cosa tal, y hasta su compañía de seguros le bajó la tarifa cuando supieron de la sanidad confirmada.

Y siguen los ejemplos: En una cruzada en Portland, Oregón, una mujer de Milwaukee con una debilitadora enfermedad ambiental (que era básicamente una reacción alérgica que bloqueaba sus órganos vitales) fue sanada, y el milagro fue confirmado por su médico.

En una cruzada en Spartanburg, Carolina del Sur, una mujer fue sanada de una seria enfermedad en la cavidad toráxica, también confirmada por su médico.

Y todo esto es obra del Señor. El recibe toda la alabanza, y la gloria y el honor.

Y en lo que a la unción respecta, un cambio definido viene sobre mí cuando estoy sobre la plataforma en estos servicios. Yo sé que la presencia está conmigo cuando camino, igual que ha estado por la mañana en la habitación del hotel, y a través del día. Pero cuando subo a la plataforma es como si cayera sobre mí una unción mayor, un manto doble.

Antes del servicio, puede que ore por alguien y caiga bajo el Espíritu, pero cuando me muevo en la plataforma como siervo de Cristo listo para batallar, hay una presencia sobrecogedora y un poder que se multiplica por cientos. Ya no es que Benny Hinn lo siente; es el poder santo que es desplegado, el poder del Dios Todopoderoso.

En realidad, me he movido a un nivel nuevo para mí en las cruzadas de milagros, y Dios ha cumplido su palabra con señales y maravillas para respaldar la predicación del Evangelio. Descubrí de la manera más sorprendente que el simple agitar de mi brazo puede proyectar tal poder que derribe la gente al suelo cuando son tocadas por la unción. Hasta un soplo de la respiración ha causado que algunos caigan como quien es derribado con una pluma. En cada uno de estos casos de raro despliegue del poder de Dios, me he dado cuenta de que siento un cierto entumecimiento en la mano. Sé que esto no es el poder, sino un resultado del mismo. Tampoco el poder es el caer de las personas; sino la evidencia del mismo.

Me sorprendí, y como nunca reconocí el poder de la unción del Espíritu Santo, el cual estaba convenciendo a las personas de la realidad de Dios en una forma que nunca había experimentado.

Houston da los ejemplos

En una cruzada en Houston, quiso el Señor, de una manera bastante impresionante, mostrar la extraordinaria naturaleza de este agitar (o "tirar" como algunos lo han llamado) y un tipo diferente del "soplar". Gloria Slosser, la esposa de un colega y buen amigo, habiendo conocido al Padre, Hijo y Espíritu Santo por muchos años, estaba sentada en la primera fila de una multitud de 12.500. Ella nunca había sido tumbada por el Espíritu, pero creía plenamente en tales cosas.

Cuando los que estaban sentados al frente expresaron de forma audible su deseo de que agitara mi brazo hacia ellos, lo hice, y Gloria, junto con unas diez filas de personas, cayeron bajo el poder. Ella después dijo que había sido un momento maravilloso, un momento feliz de risa, en el que estuvo muy consciente de la presencia del Señor.

Minutos más tarde, llamé al frente a cientos de personas que querían hacer un profundo compromiso con el Señor, y recibir la unción para ello. Gloria estaba como en la octava fila. Yo quería agitar el brazo, pero una voz dentro de mí dijo: "Sopla". Eso es todo. "Sopla". Así que, soplé dentro del micrófono, y cientos cayeron, incluso Gloria.

Ella lo describió más tarde como "algo que no puede decirse con palabras, pero que había sido muy bueno" --y que también, trajo un gran conciencia de la presencia de Dios. Después hizo una interesante observación de los dos eventos: "Yo pensé que la gente caería desde el frente hacia el fondo, y que yo me caería como una pieza de dominó. Pero no fue así. Las personas caían desde el fondo, y nadie tumbo a nadie. En mi caso, caí sobre una mujer que estaba detrás de mí, la cual pronto comenzó a decir: 'Levántese, levántese'. Todo lo que yo podía decir era: 'No puedo, no puedo'. Mis rodillas no me respondían".

"También", dijo ella, "no podía dejar de sonreír después de aquello. Todo el camino hasta el hotel lo pasé sonriendo. ¡Qué delicia!"

Algunos me han preguntado qué estoy tratando de hacer cuando agito el brazo o soplo hacia ellos. Sólo tengo una respuesta: "Dios me ordenó que lo hiciera, y mejor que obedezca".

Quiero contarte acerca de otro incidente en Houston, el cual ha tenido lugar en varias ocasiones en otros lugares, pero fue especialmente conmovedor aquella noche. Mientras todavía estábamos cantando y adorando, traje una pareja a la plataforma, los cuales tenían una particular necesidad. Mientras permanecían de pie, Steve Brock y yo cantábamos "Nombre sobre todo nombre", y luego el coro se nos unió en el estribillo, que comienza con las poderosísimas palabras "Yo soy Jehová. YO SOY el que SOY".

En ese momento, esta linda pareja, que se hallaba a dos o tres pies de Steve y yo, cayó bajo el poder del Espíritu allí mismo en la plataforma. Nadie les había tocado. Dios lo había hecho directamente sin usar ninguno de sus siervos. ¿Por qué? Esta pareja necesitaba asegurarse de la presencia de su maravilloso Salvador. Veo evidencias como ésta ocurrir por todo el país cuando la gente experimenta el amor y el poder de Dios.

También sucede en casa

En mi propia iglesia, el Centro Cristiano de Orlando, hacemos gran énfasis en la enseñanza y la adoración, pero de tiempo en tiempo, a veces inesperadamente, el Señor revela Su poder de forma espectacular.

Un domingo por la noche, hace poco, estaba orando por varios ministros, y, sin razón aparente, giré sobre mis talones y vi una dama en una silla de ruedas motorizada. Dentro de mí, una voz dijo: "Ve y ora por ella --¡*ahora!*" Fue como una palmada --¡*ahora!*

Salté de la plataforma --y estoy seguro que todos se preguntaron donde iba: "Allá va el pastor de nuevo".

Me acerqué a la mujer y la abracé fuertemente, y dije: "Señor, derrama tu unción".

Ella saltó de la silla de ruedas. Rápidamente me dirigí al coro y grité: "¡Levanten las voces bien en alto, y alaben al Señor!" Fue un momento extraordinario, y como se demoraron un poco en comenzar la música, yo les grité nuevamente. Aquella mujer era la recipiente de un maravilloso milagro, y era necesario alabar a Dios. Al aumentar la intensidad de la música, la mujer se levantó por sí misma y comenzó a correr alrededor del frente del santuario. Aquel lugar se desbordaba de euforia con la alabanza.

Resultó que la mujer sufría de esclerosis múltiple, y me dijo luego, junto con su esposo, que sólo pudo quedarse de pie y llorar como un niño, que le había pedido al Señor, "Por favor, haz algo esta noche, porque vamos a volver a casa hoy y posiblemente nunca más vuelva. Por favor, haz que él baje y ore por mí".

La voz de Dios sólo dijo: "Ve y ora por ella --¡*ahora!*"
Fantástico. El sabe como conseguir tu atención.

Capítulo 10

Esto no comenzó ayer

El salmista escribió: "Pero tú aumentarás mis fuerzas como las del búfalo; seré ungido con aceite fresco" (Salmo 92:10). De la misma forma el autor de Eclesiastés nos urge a que "nunca falte ungüento sobre tu cabeza" (9:8). Como que El es la tercera persona de la Trinidad, el Espíritu nunca ha estado ausente de las poderosas obras de Dios en la historia. Estos dos versículos, por supuesto, señalan la unción del Espíritu Santo; ya que el aceite es un tipo del Espíritu en los escritos bíblicos.

Te ayudará a reconocer y entender la unción del Espíritu en nuestros propios tiempos mirar a varias de las personalidades del pasado.

David, por ejemplo, tuvo tres unciones. La primera tuvo lugar cuando Samuel, el juez y profeta, fue a ver a Isaí y a sus hijos en Belén (1 Samuel 16). Recordarás que Samuel dijo en efecto: "Muéstrame tus hijos, Isaí". Después de mirar a siete de ellos, dijo: "El Señor no ha escogido a ninguno de éstos; ¿tienes algún otro?" Isaí fue a buscar al menor, que estaba cuidando las ovejas. Cuando llegó David, el Señor dijo a Samuel: "Ungelo, pues éste es el que escogí".

Aquella fue la primera unción. La segunda vino años más tarde, cuando David fue ungido en Hebrón como rey sobre Judá (2 Samuel 2:4). Siete años y medio después, fue ungido rey de Israel (2 Samuel 5:3).

La primera unción de David, aunque dirigida por Dios, no le dio mayor estatura que la de esclavo del rey Saúl. Sus tareas incluyeron tocar el arpa para alejar el tormento demoníaco de Saúl. La segunda fue seguida de un feo conflicto con la casa de Saúl, después de la muerte del rey.

Sólo después de la tercera David recibió el dominio y la autoridad sobre todo Israel. Entonces dejó su centro de operaciones en Hebrón, tomó el monte Sion, y estableció su reino sobre toda Sion.

El punto para los creyentes es este: Nunca llegaremos al nivel de dominio y autoridad que Dios quiere para nosotros hasta que recibamos la tercera unción --la unción regia.

De la misma forma, los apóstoles recibieron tres unciones. La primera vino cuando Jesús sopló sobre ellos y dijo: "Recibid el Espíritu Santo" (Juan 20:22). La segunda vino cuando el Espíritu Santo cayó sobre ellos en Pentecostés (Hechos 2).

Pero una unción aun mayor vino al aumentar dramáticamente el poder de la iglesia primitiva. Verás, un evento significativo en el capítulo cuatro de Hechos es a menudo malinterpretado como una simple repetición del día de Pentecostés, pero no es así. Este evento marca un aumento en el milagroso poder del testimonio de los apóstoles de la resurrección de Jesucristo (Nota Hechos 4:31), que viene después de la decisión de los discípulos de obedecer a Dios y no a los hombres:

*...uando hubieron orado, el lugar en que estaban con-
gregados tembló; y todos fueron llenos del Espíritu
Santo, y hablaban con denuedo la palabra de Dios.*

Los ancianos de Israel habían amenazado a los apóstoles,
diciéndoles: "Si predican el nombre de Cristo, los echaremos
en la cárcel". Los apóstoles se mantuvieron firmes, y Dios
mandó una unción más fuerte, que produjo una manifestación
sobrenatural del poder para alcanzar al mundo. El lugar
tembló, ellos hablaron con denuedo, y se añadieron multitudes.

Y luego viene Hechos 5:12-14, que nos dice que "por
la mano de los apóstoles se hacían muchas señales y prodigios
en el pueblo.... Y los que creían en el Señor aumentaban más,
gran número así de hombres como de mujeres".

En cuanto a Pedro, la unción era tan fuerte sobre él,
que la gente se sanaba simplemente cuando el pasaba y su
sombra les cubría (5:15).

Sí, la tercera unción trajo mayor poder a las vidas de
los apóstoles y la adición de muchísimas almas para el Reino.
Esto es exactamente lo que necesitamos hoy para que el
mundo sea salvo.

Una mina de oro de enseñanza

Además de estos ejemplos, el libro de los Hechos de
los apóstoles, que bien pudiera ser llamado Hechos del
Espíritu Santo, ofrece una mina de información acerca de la
unción, que depende de donde quieras enfocar tu atención.

Por ejemplo, *el Espíritu Santo anuncia su entrada.*

Esto lo encontramos al principio de Hechos. Primero,
Jesús ministró a los apóstoles a través del Espíritu Santo,

explicando muchas cosas (Hechos 1:2-3). Les prometió poder por medio del Espíritu (1:5-8). Y luego, el Espíritu vino, haciendo que todo el mundo lo supiera: "Y de repente vino del cielo un estruendo como de un viento recio que soplaba, el cual llenó toda la casa donde estaban sentados". Poderosas cosas comenzaron a suceder. Lenguas de fuego se asentaron sobre cada uno de ellos, comenzaron a hablar en otras lenguas, y salieron por las calles a proclamar las maravillosas obras de Dios a gente de todo el mundo conocido (2:2-11).

El Espíritu Santo es amable, sí; es consolador, sí; pero también te hace saber cuando ha llegado.

Segundo, *siempre trae una carga por las almas perdidas*.

Predicando a las multitudes, Pedro, un cobarde que había fallado a su Maestro sólo unas semanas antes, dijo:

Arrepentíos, y bautícese cada uno de vosotros en el nombre de Jesucristo para perdón de los pecados; y recibiréis el don del Espíritu Santo. Porque para vosotros es la promesa, y para vuestros hijos, y para todos los que están lejos; para cuantos el Señor nuestro Dios llamare. Y con otras muchas palabras testificaba y les exhortaba, diciendo: Sed salvos de esta perversa generación. Así que, los que recibieron su palabra fueron bautizados; y se añadieron aquel día como tres mil personas. (2:38-41)

Nadie puede probarme que el Espíritu Santo está en su vida si no tiene carga por ver a alguien venir a Jesucristo. "Recibiréis poder y seréis testigos", dice el Señor. El Espíritu no nos es dado para tener banquetes espirituales; nos es dado para hablar a otros de Cristo.

El próximo resultado que encontramos es *unidad total*.

Yo tengo serias dudas de cualquiera que me dice que tiene el Espíritu Santo y está siempre solo, pensando que lo tiene todo y no necesita de nadie más. Un ejemplo claro de la actitud correcta lo encontramos en la historia de la iglesia primitiva, donde los convertidos "perseveraban en la doctrina de los apóstoles, en la comunión unos con otros, en el partimiento del pan y en las oraciones". Estaban juntos y tenían todas las cosas en común; "comían juntos con alegría y sencillez de corazón". El Señor "añadía a la iglesia cada día" (2:42-47). Los llaneros solitarios no se veían por ninguna parte.

Otra cosa que aprenderás es que *el Espíritu Santo fluirá de ti milagrosamente hacia otros.*

El capítulo tres de Hechos presenta bien este punto. Muestra a Pedro y a Juan que se dirigían al templo a orar y se encontraron con un cojo que pedía limosna. Pedro fijó sus ojos en el hombre. Me encanta esta descripción. *Fijó* los ojos en él. Qué mirada tan penetrante debe haber sido aquella. "Míranos", le ordenó. "Y él les estuvo atento", dice. "Mas Pedro dijo: No tengo plata ni oro, pero lo que tengo te doy; en el nombre de Jesucristo de Nazaret, levántate y anda". Lo que Pedro tenía fue transmitido a un hombre en necesidad. Le tomó de la mano, lo levantó y fue sanado.

¡Qué historia! El Espíritu Santo no nos es dado simplemente para nuestro placer. Viene para capacitarnos a fin de que testifiquemos de Cristo con poder.

Más tarde en la historia

Acercándonos más a nuestros tiempos, encontramos extraordinarias obras del Espíritu Santo en personas como tú y como yo.

Pensemos en Jonatán Edwards, el predicador y teólogo norteamericano del siglo dieciocho. Un predicador casi sin emoción, se situaba detrás del púlpito y leía sus sermones a través de sus gruesos espejuelos, sin mirar casi nunca a la congregación. Mientras tanto, los presentes eran movidos a gran convicción por sus mensajes. Un sermón, "Pecadores en manos de un Dios airado", se dice que trajo clamores por misericordia de entre la congregación. Algunos cayeron bajo el poder de Dios mientras él leía. Este mensaje en particular comenzó un avivamiento que barrió por las colonias con poder extraordinario. Sólo el Espíritu Santo podía producir tal poder.

De la misma manera, D.L. Moody, quien no fue conocido por un estilo de hablar carismático, y que era capaz de cometer innumerables errores gramaticales mientras predicaba, estremeció varios estados de la unión americana así como otras naciones con sus fuertes mensajes que obviamente eran respaldados por el Espíritu de Dios.

Y Charles Finney, quien comenzó los fuegos de avivamiento en Norteamérica, tenía tal unción que su misma presencia traía una nube de gloria sobre un área completa de una ciudad cuando predicaba. La gloria de Dios se sentía tanto dentro como fuera de los salones de reunión. La gente caía bajo el poder de Dios, llorando y clamando por misericordia. A menudo personas que transitaban cerca del lugar, la mayoría de ellas sin interés alguno en Dios, caían bajo el poder y confesaban sus pecados.

¿Qué trajo tales resultados? Ciertamente no fue la habilidad oratoria ni alguna artimaña.

Kathryn Kuhlman recibió muchas risas disimuladas de gente que iba a sus reuniones por primera vez al ella deslizarse hacia la plataforma con sus elegantes zapatos y sus vestidos de mucho vuelo.

"¡Qué espectáculo!", exclamaban. Pero al momento en que ella decía: "Padre", los grandes auditorios eran avivados por el poder y la presencia de Dios. Las personas se desplomaban, cientos eran sanados de aflicciones serias, y la salvación comenzaba a fluir.

Esto no era truco.

En Inglaterra, estaban los hermanos Jeffrey. Pocas personas conocían sus nombres, pero su unción era tal que al entrar en un edificio, situarse detrás de un púlpito, y decir simplemente: "El Maestro está aquí", los milagros comenzaban a ocurrir. Había reportes fidedignos de que los cojos, ciegos, sordos y hasta personas a quienes le faltaban extremidades, experimentaban tremendos milagros. Reinhard Bonnke, el poderoso evangelista que ha estado transformando gran parte de Africa, cree que mucha de la obra del Espíritu Santo en su vida se debe a una oración que los hermanos Jeffrey hicieran por él hace muchos años.

También en Inglaterra, estuvo el maravilloso Smith Wigglesworth, con quien Lilian, la abuela de mi esposa, trabajó. Una de las historias más extraordinarias que escuché de Lil fue cuando un hombre en la audiencia murió. "Recogedlo!", dijo Wigglesworth. Entonces le dio un golpe al hombre muerto en el estómago, según el relato, y dijo con severidad: "¡En el nombre de Jesús, levántate!"

Pero el hombre seguía muerto.

"¡Recogedlo de nuevo!" ordenó aun más severamente: "¡Dije que en el nombre de Jesús, te levantes!"

Nada sucedió. "Suéltenlo". Aún el hombre estaba muerto, y cayó al piso. Por tercera vez ordenó que lo recogieran. "¡Dije que te levantes, en el nombre de Jesús!" Esta vez, dice Lil, le dio palmadas en la cara. Y entonces, el hombre abrió los ojos; ¡estaba vivo!

Puede que no estés de acuerdo con tales luchas, pero yo pienso que el punto está claro. La poderosa manifestación del Espíritu de Dios entre Su pueblo no es algo nuevo. Ha estado sucediendo desde el principio. Y no lo olvides, ¡es para ti también!

Capítulo 11

Jesús el YO SOY

El Espíritu Santo es el maravilloso Consolador, el Consejero, el Ayudador, el enviado cuando Jesús ascendió a los cielos por el Padre y el Hijo, para estar con, en, y sobre los hijos de Dios. Y esta gloriosa tercera persona de la Trinidad tiene el principal propósito de revelar al Señor Jesucristo. Como el Espíritu de verdad, El ha tomado las cosas de Jesús y las revela a aquellos que quieren escuchar, ver y obedecer.

Cuando yo escribo acerca de la presencia y de la unción del Espíritu Santo, nunca debes perder de vista al Señor Jesús. Todo te ha sido dado para que le conozcas, le ames y le sirvas. Así que, quiero detenerme en este punto para meditar en quién es Jesús, para que puedas comprender mejor la vasta importancia del tema de este libro.

Como dijo el autor de aquel viejo coro, *El Señor de la gloria*:

El es el Señor de la gloria; el es el gran YO SOY,
El Alfa y Omega, principio y fin.
Su nombre es Admirable, Príncipe de paz,
Padre eterno, por la eternidad.

El es la más completa revelación de Dios. El principio y el fin. El primero y el postrero. La causa y la culminación. El Amén.

"Yo soy la vida eterna", dijo El, Jesús. De eternidad a eternidad.

Tú preguntas: --Señor, ¿qué veremos en el cielo?

--Yo seré el centro de tu atención.

--¿Qué haré en el cielo?

--Adorarme y disfrutar de mi persona, por siempre.

--¿Qué escucharé en el cielo?

--Todo lo que te revelaré.

--¿Qué es el cielo?

--Mi creación para ti.

Jesús es el centro de todo. Sólo El es el "YO SOY EL QUE SOY". Eso es lo que significa vivir y estar "en Cristo". Una vez que eres salvo, estás en El para siempre. Has sido revestido de Su vida. Has sido revestido con el Principio y el Fin, el Alfa y la Omega.

Por mucho tiempo, no pude comprender cómo Dios podía decir algo y que eso quedara establecido para siempre. Pero eso es lo que dice la Biblia: "Para siempre, oh Jehová, permanece tu palabra en los cielos" (Salmo 119:89). El dice la palabra y ya está. El tiempo no la afecta; es eterna.

Jesús *es* la Palabra. Lo que El dice es verdad.

Sin El, la historia no tiene significado. No existe causa; no existe conclusión.

El mundo entero pregunta: "¿Quién soy? ¿Por qué estoy aquí? ¿Hacia dónde voy?" Quién, por qué, dónde. El es la respuesta a las tres preguntas.

Gran significado

Sabes, la declaración de que "El es el gran YO SOY" tiene un significado. ¿Recuerdas? Moisés preguntó: "¿Cuál es tu nombre?" ¿Quién contestó? El ángel del Señor, Jesús. "YO SOY", dijo.

¿Quién? "YO SOY".

Pablo, escribiendo acerca de Jesús en Colosenses 1:16-17, dijo:

Porque en él fueron creadas todas las cosas, las que hay en los cielos y las que hay en la tierra, visibles e invisibles; sean tronos, sean dominios, sean principados, sean potestades; todo fue creado por medio de él y para él. Y él es antes de todas las cosas, y todas las cosas en él subsisten.

Por eso Moisés pudo decir: "Marchad a través del mar", y el mar se dividió. ¿No puedes oírle? "¿Cómo hubiera podido hacerlo?" el YO SOY habló. "Marchad", y Moisés extendió su vara, y el mar se partió --no a causa de la vara, sino a causa del YO SOY.

Elías habló de manera similar, y el fuego cayó del cielo. El YO SOY había hablado.

Un día, una joven de Nazaret, sin saber lo que estaba a punto de ocurrir, vio un ángel que dijo algo así:

--María, la Palabra de Dios está por convertirse en un bebé en tu vientre.

--¿Cómo puede suceder esto? Explícate, por favor.

--No puedo explicarlo completamente.

--Ayúdame a comprender.

--No puedo.

Nadie lo comprende. Las palabras son muy limitadas para explicar lo infinito. Todo lo que puedes saber --y de este lado del evento-- es que Aquel que no conoce límites escogió limitarse a sí mismo en un cuerpo humano. En el vientre de María, la eternidad iba a convertirse en carne. El saldría de su cuerpo y ella sostendría en sus brazos a un bebé llamado Jesús. Y Jesús no era su nombre completo, porque eso sólo significaba "Salvador" o "Salvación", cuando El también era el YO SOY.

Se nos ha dado un nombre nuevo, "Jesús", por medio del cual llamar al YO SOY, y Jesús en verdad es el nombre que es sobre todo nombre. Pero la pregunta es: ¿Cuál era su nombre antes de convertirse en carne? Se llamaba el Principio y el Fin, el Alfa y la Omega, y antes de eso, el YO SOY.

Y El caminó por esta tierra.

Sustenta todas las cosas

Cada vez que mueves un brazo estás diciendo: "Cristo Vive". No puedes moverlo sin la energía que El creó. El es el poder que mantiene tu corazón latiendo. El es la fuerza que conserva viva tu carne.

Piénsalo bien, Pablo dice que Jesús, el YO SOY, es el poder que mantiene unidos a los átomos. Si El se detuviera, el mundo entero, incluso tu brazo y tu corazón, se volvería nada. Miremos Hebreos 1:3: Este Hijo de Dios, sustenta todas las cosas con la Palabra de Su poder.

Los científicos reportan que una fuerza mantiene unidos a todos los cuerpos naturales, y a la naturaleza entera. Bien puedes decirles el nombre de esa Fuerza.

Por favor, asimila la magnitud de lo que estamos diciendo: Alguien creó este maravilloso planeta llamado

Tierra, y luego ese Alguien vino y camino sobre él. El es lo suficientemente grande para crear este grano de polvo en el vasto universo de Su creación y luego sostenerlo mientras camina sobre él.

Y como si esto fuera poco, piensa en ti mismo como un grano de polvo sobre ese otro grano de polvo (la tierra), y luego este ilimitado Creador de todo decide vivir en ti. Y ha escogido salvarte también.

¿Por que?

YO SOY.

Así que, este Alguien vino a la tierra y cuando los líderes de la nación donde el escogió vivir se enojaron y dijeron: "Somos hijos de Abraham", El replicó dulcemente:

--"Antes que Abraham fuese, YO SOY".

--¡Blasfemia!--gritaron.

--No, YO SOY.

--¿Cómo puedes ser YO SOY cuando tienes sólo treinta años de edad?

--YO SOY.

Y le crucificaron. Pero no sabían que la muerte no podía retenerlo porque El tiene dominio sobre la muerte. Ni sabían que la tumba no podía retenerlo porque El tiene dominio sobre la tumba.

Así que, resucitó de los muertos y todavía decía: "YO SOY".

Un pensamiento interesante acerca del hombre

La Biblia afirma que, después de crear el cielo y la tierra y todo lo que en ellos hay, Dios dice: "Hagamos al hombre a Nuestra imagen", y hasta le da dominio. Pero no le da a esta maravillosa creación vida eterna con El. Le da a escoger.

En esencia, Dios dice, hablando entre la Deidad: "Hagamos al hombre para que sea nuestro socio; no uno de Nosotros, sino un socio; no la cuarta persona de la Deidad, sino un socio. Y démosle el mundo que hemos creado. Démosle a escoger si quiere la vida o la muerte".

Así que, Dios crea a Adán, lo pone en el huerto, y planta dos árboles --el árbol de la vida, y el árbol de la muerte, que también ha sido llamado el árbol de la ciencia del bien y del mal--. Y Dios espera a ver qué hará Adán.

Ahora bien, en ningún lugar en el libro de Génesis Dios se revela a sí mismo a Adán. Piensa en esto. Dios crea un hombre, pero nunca le dice quién El, el Creador, es. La primera persona que oyó el YO SOY fue Moisés (Exodo 3:14).

¿Por qué no fue Adán? Dios espera a ver la elección de Adán en cuanto a la vida y la muerte. Esto es muy importante. Nunca tendrás la revelación del YO SOY a menos que lo escojas a El. Dios no se impondrá a nadie por la fuerza, ni siquiera al primer hombre.

Si Adán hubiera escogido el árbol de la vida, hubiera vivido en perfección para siempre y qué glorioso hubiera sido eso para la raza humana. No olvides que el propósito de Dios era que el hombre se multiplicara antes que entrara el pecado en la escena. Hubiera sido algo maravilloso.

Cuando Adán escoge el árbol del conocimiento del bien y del mal, muere, y cuando experimenta la muerte, no le gusta. Debe de haber intentado llegar hasta el árbol de la vida, pues Dios envió a un ángel para guardarlo.

Piensa en el árbol de la vida como Jesucristo. Si Adán hubiera comido del árbol desde el principio, hubiera entrado en la incesante revelación de la Palabra del Dios viviente. Pero escogió el otro árbol.

Por qué vino Jesús a la tierra

Recuerdo una vez en que Billy Graham comparó la situación entre Dios y el hombre después de la caída a una en que tú, un ser humano, creara una criaturita llamada hormiga. Como su creador, tú amaste a esta hormiguita y la cuidaste. Un día viste que la hormiga caminaba derecho a la muerte, ¿que podías hacer? ¿Cómo decirle que iba a morir?

Los problemas eran abrumadores. Uno, la hormiga no piensa como tú. Dos, no puede oírte. Tres, no puede verte, Cuatro, no puede comprenderte. Si tratas de tocarla, la matas. Si le pones la mano delante, ella caminará sobre tu mano y continuará su camino. ¿Qué puedes hacer?

Lo único que puedes hacer es convertirte en hormiga y decirle: "No vayas por ese camino; vas a morir. Sígueme".

Cuando pensamos en el Señor Jesús, debemos tratar de comprender que El es más que el hombre limitado que el mundo ha visto con ojos naturales, aun como el hombre que hace milagros. Si piensas de El como un mero hombre, no has ni comenzado a imaginarte a este ser ilimitado que El es. Sí, El dijo que era "la puerta", pero, ¿qué hay detrás de la puerta? Esa es la cuestión emocionante, y tú y yo todavía tenemos mucho de eso por delante.

Pero el Señor, a través de siglos, ha revelado Su persona, poco a poco, mediante varios hombres. El principio de la carta a los Hebreos lo dice:

Dios, habiendo hablado muchas veces y de muchas maneras en otro tiempo a los padres por los profetas, en estos postreros días nos ha hablado por el Hijo, a quien constituyó heredero de todo, y por quien asimismo hizo el universo; el cual, siendo el resplandor de su gloria, y la imagen misma de su sustancia, y quien sustenta todas las cosas con la palabra de su poder, habiendo efectuado la purificación de nuestros pecados por medio de sí mismo, se sentó a la diestra de la Majestad en las alturas.

Al principio Dios se reveló a sí mismo gota a gota a través de las bocas de los hombres. Cada uno tuvo una revelación, una palabra, un sermón, algo: Enoc, Noé, Abraham, Isaac, Jacob, José, Moisés, Josué, Caleb, Gedeón, David, Salomón, y así hasta llegar a Juan el Bautista.

Pero un día Dios dijo, en efecto: "No hablemos más a través de las bocas de otros. Hagámonos visibles y hablemos". Así que, "el Verbo se hizo carne y habitó entre nosotros" (Juan 1:14).

Tenemos una revelación ilimitada que llamamos Jesús, aunque aun no podemos verla con nuestra mente natural. Pero Pablo nos enseña que hemos recibido "el Espíritu que proviene de Dios, para que sepamos lo que Dios nos ha concedido". Pero, él añade: "El hombre natural no percibe las cosas que son del Espíritu de Dios ... porque se han de discernir espiritualmente.... Mas nosotros tenemos la mente de Cristo" (1 Corintios 2:12-16).

¡Esto es asombroso!

Al caminar en el Espíritu y vivir en su presencia, ungido con Su poder, te encontrarás entendiendo más y más que el Señor y Salvador no tiene límites, es el gran YO SOY. Recibirás un toque, y clamarás: "Tócame otra vez". No estarás

satisfecho con el toque de ayer, y te oirás decir constantemente: "Una vez más, por favor; una vez más". Cada revelación te dará más hambre por otra.

Puede que te encuentres preguntando: "¿Llegaré alguna
vez al final de Tu revelación?" Y El te contestará, "¡Nunca!"
Una revelación es sólo el principio de la próxima. Y yo quiero
mostrarte cómo llegar a este camino y mantenerte en él.

Capítulo 12

Es para ti–ahora

Muchos quieren el poder de Dios, pero no pueden comprender que éste no vendrá a menos que antes experimenten Su presencia. Y cuando venga la presencia, la primera evidencia será la manifestación del fruto del Espíritu, como ya dije anteriormente. El fruto se hará evidente en el contacto diario con aquellos que están a tu alrededor. Y cuando el fruto esté ahí en verdad, el Señor te ungirá con Su Espíritu, que es poder.

Es así: La presencia de Dios es el vehículo que trae el poder. El poder viene después de la presencia, y no a la inversa. La presencia y el fruto vienen juntos. La unción y el poder también.

Cuando recibes la unción del Espíritu, el resultado es el cumplimiento de Hechos 1:8: "Me seréis testigos". Esto significa que el hablar en lenguas o la manifestación de alguno de los dones del Espíritu sin la presencia no es el actuar de Dios. Debes tener la presencia primero, la cual te dará el fruto, y esto entonces invitará, a Dios a morar dentro de ti. Luego viene la unción, lo cual significa poder. Y serás Su testigo.

Dios me habló claro cuando me dijo esto: "Yo no unjo vasijas que estén vacías de mí, sino las que estén *llenas de Mí*". Esto fue una revelación. Recibimos el bautismo del Espíritu Santo --ser sumergidos en El, llenos hasta rebosar, vivir El en nosotros. La experiencia es real y no mera emoción y piel de gallina. Entonces el fruto del Espíritu debe fluir de nuestras vidas, tocando a aquellos que están a nuestro alrededor.

Cuando esto ocurre, el Señor nos ungirá según andemos con El y le obedezcamos, y en aquel momento comienza el poder, el poder para servirle. Entonces podemos valientemente heredar las promesas de Dios para ver los corazones de los incrédulos ablandarse y volverse a Dios y señales y maravillas como las que se recuentan en el libro de los Hechos.

Tu rostro resplandecerá

Recordarás que cuando Moisés vio la gloria y la presencia de Dios en el Monte Sinaí, al descender su rostro resplandecía como una luz. Nadie podía siquiera mirarlo. Cuando tú también tengas un encuentro con la presencia del Señor, será obvio. Puede que hasta se note en tu rostro, y no hay duda de que se notará en tu conducta. Tu rostro anunciará a aquellos a tu alrededor: "Soy diferente. He estado en la presencia del Dios Todopoderoso".

En lo que antes tenías conciencia propia, con poca o ninguna conciencia de Dios --y manifestándose solamente lo tuyo--perderás esa autoconciencia, obtendrás conciencia de Dios, y manifestarás el fruto de Dios.

Adán nos provee una buena ilustración. Cuando perdió la conciencia de Dios y fue desprovisto de la presencia y la gloria que lo había vestido, se llenó de conciencia propia.

Entonces dijo: "Tuve miedo". En ese momento comenzó a huir de Dios, su Amigo, el Creador del cielo y de la tierra.

El primer resultado de la conciencia propia es el temor, y el primer resultado de la conciencia de Dios es la valentía. Cuando nos volvemos conscientes de Dios, ya no tenemos más que confiar en nosotros mismos y en nuestra propia fuerza, sino que la presencia de Dios reside dentro de nosotros, y trae poder y autoridad a nuestras vidas. Ya no tenemos que luchar nuestras batallas en nuestra propia fortaleza, sino que valientemente podemos invocar al Dios Todopoderoso por la autoridad del Espíritu.

Espero que comprendas. La presencia del Espíritu morará en tu espíritu, mientras que la unción del Espíritu te saturará. Debes tener ambas para poder mostrar a Cristo al mundo eficazmente, para ser Su testigo. Se requiere de la presencia para cambiarte a ti, mientras que es necesaria la unción para comunicar la presencia al mundo fuera de ti.

Sólo hay un camino

"Entonces", dices, "¿qué debo hacer?"

Hay un solo camino: la oración. Esto significa guerra, guerra a muerte. Es principalmente una guerra contra el yo, el mayor enemigo. Si no puedes perder la vista del yo, no podrás conocer la presencia de Dios.

La carne muere en la oración. Y tendrás que batallar para lograrlo. La mayoría de los lectores encontrarán, como yo, que al principio de entrar en la verdadera oración, sólo puedes pensar en tus pecados y necesidades apremiantes. Todo lo que puedes decir es: "Perdóna-*me*, ten misericordia de *mí*, ayúda-*me*, guía-*me*", y así sucesivamente. Todo es *mí*, *mí*, *mí*.

No, no me malentiendas. Debes confesar tus pecados, y buscar guianza, pero necesitas seguir adelante en tu comunicación con el Señor, escuchándole y hablando acerca de las cosas que están en Su corazón. Necesitas amarle y agradecerle y adorarle. Ese es el fruto de Su presencia. Las otras cosas vendrán en Su tiempo, no en el tuyo.

Cinco minutos en la presencia de Dios, en comunión con El, valen por un año en el mí-mí-mí. Y encontrarás que al ganar victoria tras victoria en esta guerra, comenzarás a experimentar Su presencia. Tu placer será tan grande que con gusto rendirás la carne y el yo para simplemente gozarte en Su presencia.

Dios hablará contigo; tú hablarás con El. El compartirá tanto contigo y te dirá tanto. Tú te deleitarás con éxtasis en Su amor y calor, Su ternura, Su sabiduría. De ahí pasarás a la obediencia a Su voz, y esa es la clave de la unción del Espíritu Santo.

El te confiará cosas pequeñas para probar tu fidelidad, cómo obedecerás. Si eres fiel en lo poco, El te pondrá sobre más… y más… y más. Su poder estará sobre ti para cumplir la tarea a la que te ha llamado.

El poder es para todos

Permíteme decir una palabra acerca del llamamiento. La unción del Espíritu Santo es para cada cristiano, y, como ya dije al describir la unción del leproso en el Capítulo 9, todo el que ha nacido de nuevo ha recibido la unción inicial del Espíritu, la cual yo he llamado la del leproso.

Cualquier unción más allá de ésta estará a la misma altura de tu llamamiento como cristiano. Algunos son llamados a un servicio directo al Señor --predicadores, evangelistas, evangelistas de sanidad, pastores, maestros--. Otros pueden ser escritores, músicos, administradores, ayudadores, líderes de grupo, proveedores de hospitalidad, y tareas por el estilo. Otros puede que sean esposos, padres, maestros de escuela, gente de negocio, carpinteros, obreros, y así sucesivamente.

Dado que por llamamiento e intención todos sirven al Señor --bien en la iglesia o "secularmente"-- cada uno puede y debe recibir la unción para su vocación particular.

En gran parte de este libro he estado usando un lenguaje que se refiere mayormente a la unción del Espíritu Santo en relación directa al llamamiento ministerial, si así se quiere entender. Esto explica gran parte de la discusión acerca de atacar al diablo y la enfermedad y ministrar directamente desde el púlpito o la plataforma al pueblo de Dios como siervo de Dios. Esto no debe disminuir en lo más mínimo tu entusiasmo por recibir la unción en la actividad que desempeñas, cualquiera que ella fuere.

Finalmente --mientras más pronto mejor-- debes llegar al punto de estar orando sin cesar. Esto se convierte en tu vida, puesto que lo haces con tanta frecuencia que tu naturaleza cambia. Tu estilo de vida cambia.

Es cierto que debes vivir una vida natural; todos lo hacemos. Jesús, aunque se levantaba muy temprano en la mañana y se iba solo en muchas ocasiones, no estaba sobre sus rodillas veinticuatro horas al día. Ninguno de nosotros puede hacerlo. Hay que trabajar, atender los niños, y hacer otras muchas cosas.

Algunos de los momentos más preciosos de mi vida los he vivido en situaciones regulares. Pienso en mis propios hijos y en los maravillosos ratos que hemos pasado hablando y orando juntos. Yo no estoy escondido en mi cuarto ni afuera en los matorrales solo. Estoy allí con mis hijos y mi esposa experimentando la misma presencia hermosa del Señor. Es una unción totalmente diferente, con solamente la tierna presencia del Señor y la bendición de la vida familiar. No es la unción y el poder para un servicio de sanidad. Pero es muy importante, y muy real.

También he experimentado lo mismo hablando a mis empleados en el Centro Cristiano de Orlando --animando, consolando, exhortando, y disciplinando. La presencia es muy real cuando solamente digo: "Jesús".

Pero el caso es que Jesús estaba en continua comunión con Su Padre, y nosotros debemos estar en continua comunión con El, también, por medio del maravilloso Espíritu Santo.

Los ratos tranquilos, como ya he dicho, dan a luz este orar sin cesar, y no debemos despreciarlos.

La gente siempre me pregunta acerca de mis ratos privados de oración. Yo entiendo sus deseos de ser instruidos, y a veces el ejemplo es la mejor instrucción. Pero en realidad, la oración es tan privada, tan preciosa, tan íntima que le digo a la gente que no se preocupe tanto por la forma en que yo lo hago, sino que le pidan a Dios que les muestre como deben hacerlo.

Hay ocasiones en que cuando comienzo a orar --solo con el Señor en mi habitación, o en contacto con la naturaleza, o donde quiera, siempre y cuando sea un lugar privado y silencioso-- llego a estar tan absorto que hasta me quedo por medio día, o más. A veces esto dura solamente una hora.

He tenido tiempos en que he viajado fuera del país, y a causa de las interferencias del horario, no tengo más de cinco minutos. Pero recuerda, el Señor me entrenó en la continua comunión hace muchos años, y eso nunca, nunca lo abandono.

Y en algunos de esos días de interrupciones y pruebas he subido a la plataforma de un servicio de sanidad tan ungido que cualquiera podría pensar que he estado orando y leyendo la Biblia todo el día.

No nos olvidemos de la Biblia

En cuanto a la Biblia, es una parte esencial del tiempo de oración. Yo nunca comienzo un día sin ir a las Escrituras, aun antes de orar. Debo hacerlo. Es la Palabra de Dios, y debo hacer que fluya directamente sobre mi alma --y tú también debes hacerlo.

Además, cuando oras y sientes la presencia de Dios, debes tener la Biblia a tu lado. El te llevará a distintos pasajes, y te enseñará. Y cuando tengas duda acerca de algún pasaje, pregúntale a El y te enseñará. La Biblia dice muy claramente que El es tu Maestro. Ciertamente, el Espíritu es el único Maestro que necesitas.

Recuerda a 1 Juan 2:27:

Pero la unción que vosotros recibisteis de él permanece en vosotros, y no tenéis necesidad de que nadie os enseñe; así como la unción misma os enseña todas las cosas, y es verdadera, y no es mentira, según ella os ha enseñado, permaneced en él.

Al proseguir por este maravilloso curso de vida, descubrirás principios y doctrinas en la Biblia que son de máxima importancia, y quiero decir máxima, como verás después.

Capítulo 13

Dos doctrinas
básicas profundas

Al avanzar hacia la unción del Espíritu Santo, estimado cristiano, quiero que conversemos acerca de dos doctrinas básicas que son tan profundas que estremecerían al planeta, y hasta el universo entero. Tienen que ver con el arrepentimiento y la sangre de Cristo, los cuales, desde luego, van de las manos.

El arrepentimiento es el primer paso hacia el recibimiento de la unción, no importa en que nivel estés.

Ahora, puedo oír voces de protesta: "¡Pero ya yo me he arrepentido; he nacido de nuevo!"

A que ya hayas nacido de nuevo, digo: "¡Aleluya!" Al pensamiento de que por ello ya el arrepentimiento es cosa del pasado y no tienes más que pensar en ello, digo: "¡De ninguna manera!"

Permíteme comenzar citando Hechos 2:38, que sigue al poderoso sermón de Pedro a los incrédulos en Jerusalén en el día de Pentecostés. El poder del Espíritu Santo había caído sobre ciento veinte de los seguidores de Jesús, y este milagro se había manifestado de varias maneras, especialmente en el revestimiento de poder sobre la predicación de Pedro.

La Biblia dice que los oyentes estaban "compungidos de corazón" por el mensaje y preguntaron: "¿Qué haremos?" Pedro contestó:

Arrepentíos, y bautícese cada uno de vosotros en el nombre de Jesucristo para perdón de los pecados; y recibiréis el don del Espíritu Santo. Porque para vosotros es la promesa, y para vuestros hijos, y para todos los que están lejos; para cuantos el Señor nuestro Dios llamare.

"Arrepentíos y bautícese", dijo. Ahora, mira el versículo que ha sido tan vital en mi enseñanza acerca de la unción del Espíritu Santo: "Recibiréis poder, cuando haya venido sobre vosotros el Espíritu Santo, y me seréis testigos … hasta lo último de la tierra" (Hechos 1:8).

Así que, tenemos la promesa de poder después de la venida del Espíritu Santo. Espíritu. Unción. Poder. Y todos vienen después del arrepentimiento.

Y, ¿para qué es? "Me seréis testigos". Esto es importante. Recibes el poder para hablar a las personas acerca de Jesucristo. No vas a decirle al mundo cómo eres, cuán grande te has vuelto, cuán miserable pecador eras. No, les hablarás acerca de tu Gran Sumo Sacerdote, acerca de tu Gran Rey, acerca de tu maravilloso Salvador cuyo nombre es Jesús. Les dirás lo que El puede hacer con una vida que está vacía.

Puedo oír los murmullos nuevamente: "¿Qué quieres decir? ¿No se me da el poder para hablar acerca de mi experiencia, mi testimonio?" No. El Espíritu Santo no glorifica lo que tu has experimentado. El trae a Jesucristo al centro. El muestra al mundo lo que Jesús ha experimentado para que tú puedas ir al cielo, no lo que tú has hecho para llegar allí. "*Me seréis testigos*" --quién es *Jesús,* qué ha hecho *Jesús*, que ha dicho *Jesús*, que ha prometido *Jesús*.

Amados, yo he cometido todos esos errores, no hablo solamente de los demás. Antes de mi encuentro con la vida real y el poder real en Pittsburgh hace dieciocho años, asistí a iglesias donde el ruido y el bullicio era tal que ellos obviamente pensaron que aquello era poder. Todos tenían una pandereta. Aparentemente pensaron que la pandereta atraía al Espíritu Santo. Todo lo que encontré fue que me estaba secando en la vid; no tenía vida dentro de mí. Me ponía de pie en una iglesia y apretaba el espaldar del banco hasta que la sangre cesaba de circular en mis dedos. Cada domingo iba al altar y lloraba y rogaba a Dios que me diera el poder que veía prometido en la Biblia. Hacía que todo el que tenía algo impusiera las manos sobre mí. Me quedaba en mi cuarto tocando la pandereta. Probaba todas las fórmulas, leía todo libro y escuchaba todo programa radial.

Yo conocía las promesas de poder, y sabía que tenían que ser mías. Hoy sé que no sólo son mías, sino de mis hijos también.

Y la clave es el arrepentimiento. Este te pone en el camino al gran fuego y llegaras al destino que Dios quiere.

¿Qué significa?

Pero ¿qué significa el arrepentimiento? Comencemos con lo que no significa. No quiere decir que vas a ir al altar, dejar caer unas cuantas lágrimas, decir: "Lo siento, Señor", y vas a salir y hacer lo mismo.

El arrepentimiento es una experiencia diaria. Y es una experiencia sobrenatural, no algo que puedes lograr humanamente por ti mismo. Es un don del Espíritu Santo. El arrepentimiento descansa sobre "el que los confiesa [sus pecados] y se aparta alcanzará misericordia" (Proverbios 28:13). Ese es el verdadero significado --no sólo confesarlos, sino también apartarse.

No tener nada que ver con ellos ya. Te hincas de rodillas y dices: "Señor, nunca más", y no sales de ahí hasta que el asunto esté resuelto.

Mientras no lo resuelvas, no recibirás el Espíritu Santo, y te secarás en la vid. Hay demasiados cristianos sentados en sus santuarios, secándose en la vid por falta de vida y poder. Dicen: "Pero yo tengo fe". ¿Fe? Cuando el regalo de Dios venga --el Espíritu-- El dará vida a esa fe.

Además, de este asunto de la fe se ha hablado, se ha malentendido, y se ha abusado por mucho tiempo. La gente ha clamado por la fe, fe, fe, hasta que han volado en pedazos. Tanto han usado e interpretado mal la doctrina, que se han trastornado a sí mismos --y a miles de otras personas también. La fe, como acabo de decir, es un don de Dios, que El da gozosamente y lo mantiene vivo por medio del Espíritu.

En cuanto al arrepentimiento, lo cual es el primer paso a la unción del Espíritu Santo, debe ocurrir sobre cada acción pecaminosa de tu vida, hasta en las cosas más simples --tales como arrepentirte si no has orado, arrepentirte si no has leído la Palabra, arrepentirte si has abandonado al Señor, arrepentirte si has tratado con ligereza el maravilloso regalo de la presencia en tu vida, arrepentirte si has sacado a Jesús de tu conversación.

Cualquiera de estos pecados te muestran que estás vacío y muerto, o al menos estás camino a ello. Contristan al Unico que cuenta. Y hay muchos otros peores, los cuales tú conoces tanto como yo. Son más directos, a menudo groseros, a veces viles. Y naturalmente, hay que lidiar con ellos, y rápidamente.

Cómo lo haces? Vas a Dios y dices: "Señor, dame un corazón arrepentido". Como David, dices: "Crea en mí un corazón limpio, oh Dios". Dices: "Los sacrificios de Dios son el espíritu quebrantado, y un corazón contrito". Dices: "Perdóname, Señor, por dejar mi primer amor". Dices: "Perdóname, Señor, por ser tibio". Dices: "No quites de mí tu Santo Espíritu".

Debes recibir el poder del Espíritu a diario para poder batallar con la carne en arrepentimiento. Puesto que es una batalla diaria: "No, no, no, no" al enemigo; "sí, sí, sí sí" a Dios.

Amados amigos, debemos decir a la iglesia --a nosotros mismos--: "Volveos, volveos al arrepentimiento con corazones sinceros". Debemos comenzar a vivir una vida crucificada con Cristo a diario, pues si lo hacemos, no podremos mantener al Espíritu lejos. Ni siquiera tendremos que pedirle que nos llene.

Ahora, óyeme en un punto más, que es importante. Dios no quiere ver a su pueblo todo el tiempo llorando. Eso no es arrepentimiento. El quiere que seamos sensibles a nuestros pecados, que lidiemos con ellos inmediatamente, y que continuemos con nuestras vidas de gozo en el poder de Dios.

Arrepentimiento. Presencia. Unción. Servicio. Gozo.

¿Qué lo hace funcionar?

Al acercarte más hacia la unción del Espíritu Santo, quiero escribir brevemente acerca de un factor que está detrás de cada cosa de las que hemos estado hablando, especialmente el primer paso del arrepentimiento.

En la Biblia, apuntando hacia la primera venida del Mesías, el profeta Zacarías dice: "Y tú también por la sangre de tu pacto serás salva; yo he sacado tus presos de la cisterna en que no hay agua" (Zacarías 9:11).

Dios, hablando acerca de Su pueblo, dice que la sangre de Cristo, la sangre del nuevo pacto, los libertará. Y el triste hecho es que muchos no tienen ni idea de como aplicar esa sangre a sus vidas y recibir la libertad del arrepentimiento y todas las verdades de la fe.

Muchos están aún atados. Los demonios les molestan. La enfermedad les ha golpeado a ellos y a sus hijos. La confusión está destruyendo su paz.

No debiera ser así. La Biblia nos enseña que la sangre derramada de Jesucristo hace que ocurran seis cosas en nuestras vidas en oposición al torbellino que ataca tanto a la iglesia:

Efesios 1:7 dice: "En quien tenemos redención por su sangre". Somos redimidos por Su sangre. ¿Redimidos de qué? Del reino de las tinieblas, el reino de Satanás, a quien por ahora se le permite gobernar el mundo. Cristo a sabiendas "derramó" Su sangre, no se "desparramó" accidentalmente, y nos rescató (una palabra de mercado).

Puedes mirar a Satanás a los ojos y decirle que no tiene control sobre ti, pues has sido comprado de nuevo legalmente. Sabes, tanto Dios cómo Satanás ambos saben que has sido redimido legalmente, pero, ¿lo sabes tú? Cuando seas atacado por el enemigo, no necesitas clamar, "Oh Dios, ¡ayúdame!" Puedes legalmente decir: "Diablo, quita tus sucias manos de sobre mí".

Efesios 1:7 continúa diciendo: "En quien tenemos por su sangre, el perdón de pecados". Nosotros fuimos perdonados por la sangre de Cristo. Ahora bien, el perdón no tiene nada que ver con comprar de nuevo algo, pero sí con lo que hiciste como pecador. Dios te redime y luego olvida todo lo que has hecho, lo cual significa que te mira y te dice que nunca hiciste algo malo. Se olvida de tus "pecados", que eran las cosas en que pensabas; tus "iniquidades", que son las acciones de los pensamientos.

De hecho, Isaías 38:17 habla de que Dios echa todos nuestros pecados tras Sus espaldas. Y cuando Dios los arroja, se mantienen volando para siempre.

Primera de Juan 1:7 dice que si andamos en luz "la sangre de Jesucristo Su Hijo nos limpia de todo pecado". Por favor, nota el tiempo presente de la acción: nos limpia. Es una experiencia de la actualidad. El perdón trata con lo que hiciste; la limpieza trata con lo que estás haciendo.

Piensa en ello. La sangre de Cristo te redime y te salva en un momento dado del tiempo, perdona todo lo que has hecho en años, horas y minutos del pasado; y te limpia de los mismos pensamientos y acciones presentes. Si te arrepientes, ¡diste en el blanco!, aquello en que piensas en este momento es limpiado. Hay tremendo poder en la sangre.

Romanos 5:9 dice: "Estando ya justificados en su sangre, por él seremos salvos de la ira". La justificación, que ha sido lograda por Su sangre, trata con tu futuro --la ira, que ha de venir--. Es una afirmación sorprendente, pero si has sido justificado, cualquier cosa que hagas de ahora en adelante está ya resuelta.

Obviamente, esto necesita explicación, puesto que ya sé que hay alguien diciendo: "Bueno, si soy justificado, puedo salir mañana y pecar, y Dios se ocupará de ello. ¿Por qué no vivir a mi antojo, etcétera, etcétera, etcétera?" El hecho es que si *a sabiendas y voluntariamente decides* --esa es la expresión crucial-- si a sabiendas y voluntariamente decides pecar, tú justificación se la lleva el viento. El pecado voluntario, consciente e intencional, no es de Dios. No hay ya lugar para el arrepentimiento. Dicho simplemente, tu continua justificación depende de tu obediencia, y la obediencia, si bien recuerdas, es el camino a la unción. El pecado cometido en debilidad o ignorancia o por accidente no es igual que el intencional.

Colosenses 1:20 dice: "Y por medio de él reconciliar consigo todas las cosas … haciendo la paz mediante la sangre de su cruz". Dios te ha reconciliado consigo mismo y hay paz entre El y tú. El te ha traído de vuelta y ha restaurado tu comunión con el Padre, Hijo y Espíritu Santo. En el sentido más completo, la reconciliación aquí significa, "uno con Dios".

Puede que digas: "Yo no lo veo". Sé paciente. La Biblia dice que estamos siendo transformados de gloria en gloria; ya llegarás ahí. Por ahora, estás ahí por fe, pero llegarás por experiencia. Y la fe es sustancia.

Primera de Pedro 1:2 dice: "[a los expatriados] elegidos según la presciencia de Dios Padre en santificación del Espíritu, para obedecer y ser rociados con la sangre de Jesucristo". Aunque sea muy difícil de asimilar, la Biblia dice que has sido santificado por la sangre.

Ahora bien, la santificación está en estrecha relación con unción. La unción no vendrá sin la santificación, puesto que *santificación* significa "ser apartado".

Recuerda la referencia de Levítico 14 al leproso que se queda fuera del campamento. Dice que el sacerdote sale fuera del campamento, toma la sangre, moja un hisopo en la sangre, la rocía sobre el leproso siete veces, y el leproso es limpiado de su lepra. Después de esto, el leproso entra en el campamento, y el sacerdote toma sangre, la misma que roció sobre él anteriormente, y la aplica a la oreja, el dedo pulgar y el dedo del pie del leproso limpiado. Esto es importante: la oreja, por su pensamiento; el dedo pulgar, por su trabajo; el dedo del pie, por su andar diario. El sacerdote entonces pone aceite en su oreja, su pulgar y su dedo del pie y echa un poco sobre la cabeza del leproso ya limpio. Esta es la culminación de la unción: su pensamiento, su trabajo, y su andar.

El significado de esto es que tantos de nosotros, aun después de haber sido limpiados y estar dentro del campamento, no reconocemos la protección extraordinaria que es nuestra por toda la vida, que no es simplemente "vida eclesiástica". El diablo puede --y va a hacerlo--, golpear nuestros pensamientos, trabajo y andar. Yo, por ejemplo, aplico esa sangre a mi esposa, mi hogar, mis hijos, mi automóvil, todo.

La sangre en estos aspectos de la vida, si se aplica, los protege. El aceite los santifica.

Ahora bien, escúchame en esto: La sangre viene antes que el aceite. El Señor nunca te ungirá con el Espíritu Santo mientras no apliques la sangre a tu vida --a toda tu vida.

Una gran evangelista llamada Mary Woodworth Etter aplicaba la sangre a toda la congregación, y el poder de Dios caía de manera milagrosa. El Espíritu responde a la sangre.

Simplemente, hazlo.

¿Cómo nos cubrimos tú y yo con la sangre? Romanos 3:25 nos da tres claves: "[Cristo Jesús] a quien Dios puso como propiciación por medio de la fe en su sangre, para manifestar su justicia, a causa de haber pasado por alto, en su paciencia, los pecados pasados".

La primera clave es el *conocimiento*. Debemos saber lo que la sangre ha hecho. Nadie la puede aplicar si ignora su significado. Debemos estudiarla, aprenderla, conocerla. ¿Qué hizo la sangre y que hará ahora?

La segunda es *fe en lo que conocemos*. Dejemos que la fe crezca en nuestros corazones. ¿Cómo podremos aplicar la sangre a menos que creamos lo que decimos?

La tercera clave es *declarar por fe lo que conocemos*. Declarar significa hablar en voz alta. Si yo lo sé y lo creo, entonces lo digo --no como por magia o supersticiosamente, sino por fe en Dios, que nunca miente.

Resulta muy fácil: "Está escrito que por medio de la sangre de Cristo, tengo perdón de pecados. Soy perdonado. Está escrito que he sido redimido por la sangre de Cristo. He sido comprado. Está escrito que puedo aplicar la sangre de Cristo a mi pensamiento, a mi trabajo y a mi diario andar. Yo aplico la sangre y toda mi vida es protegida".

Ella toca todo lo que hay

El poder de la sangre es verdaderamente infinito. Encontramos que en sólo uno de los sesenta y seis libros de la Biblia la sangre de Cristo ha:

- destruido a Satanás --Hebreos 2:14
- destruido el temor de la muerte --Hebreos 2:15
- purgado tu conciencia --Hebreos 9:14
- limpiado los cielos --Hebreos 9:23
- dado valentía --Hebreos 10:19
- prometido perfección --Hebreos 13:20
- garantizado la segunda venida --Hebreos 9:28

Y ahora, amigo, debes dar los pasos para mantener y retener la unción que te ha sido o te está siendo dada, como verás ahora.

Capítulo 14

El ejemplo de Jesús

En mi iglesia, constantemente les digo a mis feligreses: "Si quieres la unción, háblale a alguien de Cristo". A fin de cuentas, todos sabemos que estamos luchando contra Satanás por las almas de las personas. Y para luchar contra Satanás necesitamos la unción.

Estoy convencido de que si alguna persona o alguna iglesia deja de servir --deja esencialmente de hablarle a la gente de Cristo-- la unción los dejará. Después de todo, es dada para la lucha espiritual y Dios quiere que la usemos para Su gloria.

El Señor se movió sobre mí durante un reciente servicio de miércoles en la noche con una palabra fuerte. La iglesia debe salir de lleno y testificar a la comunidad local y al mundo. Les prometí que inmediatamente comenzaríamos una serie de enseñanzas para los que lo necesitaran, a fin de que la iglesia completa pudiera activamente ser un testigo fuerte a todos.

Aquella noche noté las hermosas palabras de Isaías que abren el capítulo sesenta y uno: "El Espíritu de Jehová el Señor está sobre mí".

Qué palabras tan poderosas. Jesús las usó al principio de su ministerio cuando estaba en la tierra. El Evangelio de Lucas dice que el Señor estaba "lleno del Espíritu", lo cual sorprende a muchos que no saben que Jesucristo, quien era totalmente hombre así como totalmente Dios, tenía que estar, al igual que nosotros, lleno del Espíritu Santo para poder luchar contra Satanás.

En este pasaje, Jesús ya había sido ungido por el Espíritu mientras era bautizado por Juan el Bautista y tentado por Satanás en el desierto. Luego fue a la sinagoga en Nazaret, "y como era su costumbre", se levantó a leer. Le dieron el libro de Isaías, dice Lucas, y leyó donde estaba escrito:

El Espíritu del Señor esta sobre mí,
Por cuanto me ha ungido para dar buenas nuevas a los pobres;
Me ha enviado a sanar a los quebrantados de corazón;
A pregonar libertad a los cautivos,
Y vista a los ciegos;
A poner en libertad a los oprimidos;
A predicar el año agradable del Señor.

(Lucas 4:18-19)

Lucas nos dice que al sentarse Jesús, "los ojos de todos en la sinagoga estaban fijos en El". Me encanta la palabra *fijos*. Ellos habían sentido la presencia y el poder de Dios en medio de ellos. Se habían quedado mirándolo. Luego Jesús les dijo por qué habían sentido el poder como nunca antes: "Hoy se ha cumplido esta Escritura delante de vosotros".

"Yo soy Aquel", les estaba diciendo Jesús, "Yo soy Aquel a quien Isaías estaba describiendo". Recordarás que a través de Su ministerio --y aun después de Su resurrección-- Jesús hablaba del testimonio que daban de El las Escrituras. El Antiguo Testamento habla de muchas maneras acerca de la venida del reino y la venida del Rey. Y El a menudo se refirió a este testimonio, igual que hicieron sus apóstoles más tarde.

Es curioso, ¿verdad? que aparentemente esas mismas personas que tenían sus ojos "fijos" en El y se "maravillaban" de El pronto se levantarían y tratarían de despeñarle desde un risco.

El pasaje nos enseña no solamente que la unción había venido sobre el Señor, sino que había venido por más de una razón. Había venido para (1) predicar el Evangelio, (2) sanar a los quebrantados de corazón, (3) proclamar libertad a los cautivos, (4) hacer milagros, (5) liberar a los oprimidos, y (6) predicar el año agradable del Señor.

Y así es con nosotros.

¿Por qué habla de los "pobres"? Es cierto que Jesús a menudo se identificó con aquellos a quienes les faltaban los medios de vida adecuados. Pero hay más que eso: Todos nosotros somos espiritualmente pobres sin el Señor. Así que, tenemos que predicar el Evangelio, las buenas nuevas, las nuevas de gozo.

Según Isaías y Lucas, la unción vino también para "sanar a los quebrantados de corazón". ¡Qué maravillosa noticia para nuestro mundo quebrantado de corazón! Oh, ¡lo que puede hacer el Espíritu Santo si estamos dispuestos! Todo lo que necesita es una vasija rendida. ¿Serás tú esa vasija hoy? Al leer estas páginas, pídele que te haga esa vasija --ahora.

El predicar y testificar sin la unción hará muy poco para el corazón quebrantado. Piensa en los hombres, mujeres y niños que conoces que están devastados por circunstancias que pueden ser sanadas. Piensa en las familias, los divorciados, los solitarios, los suicidas, los pobres, los discriminados. La lista continúa y continúa. Sólo la unción sanará los corazones de los hombres y las mujeres --¡eso es lo que la Biblia dice!

Para pregonar libertad

El Señor Jesús también fue ungido para "pregonar libertad a los cautivos". La gente estaba atada, torturada, presa por los demonios.

El hombre moderno se ríe, pero la necesidad de libertad es aun mayor hoy día. Piensa en la servidumbre que llena nuestros periódicos y nuestra televisión a diario, esa cautividad tan terrible. El alcohol y las drogas. Las relaciones sexuales ilícitas y la homosexualidad. Las religiones falsas y la hechicería. Las riquezas mal habidas y el materialismo.

El Señor Jesús dijo en Marcos 16:17: "En Mi nombre echarán fuera demonios". El Espíritu Santo es el único poder sobre la tierra que puede destruir el poder de Satanás. Y te ha dado a ti, el creyente, ese poder. Santos, ¡debemos echar a andar!

Jesús dijo también que había sido ungido para "dar vista a los ciegos". La ceguera no está limitada a lo físico, sino que se encuentra en el reino espiritual también. Jesús es la respuesta para ambas.

Su lista de obras, para El y para nosotros, también incluye "poner en libertad a los oprimidos". Igual que con la cautividad, el terrible predominio de la opresión devora toda nación del mundo. Sólo caerá por el poder de Dios.

El gobernador de estas presentes tinieblas es el maestro de la opresión, y será derrotado sólo por el poder de Dios. Eso, amados, es la razón por la cual aquellos a quienes se dijo: "Me seréis testigos" deben llevar consigo la unción del Espíritu Santo, el poder del Dios Todopoderoso.

La última de las obras que citó Jesús como Suyas, pero ciertamente no la menor, fue "predicar el año agradable del Señor".

Esta, El proclamó, es la hora de la gracia.

El Salvador del mundo ha venido, trayendo salvación a la humanidad antes de la venida del fin.

Los tiempos venideros

La Biblia habla mucho acerca de la venida del fin. Para nuestros propósitos, quiero compartir algunas de las cosas que me mostró el Espíritu Santo, que serán cumplidas para los creyentes según se acerca esa hora.

La Biblia nos dice en Hechos 3:19-21, que debemos arrepentirnos,

para que sean borrados vuestros pecados; para que vengan de la presencia del Señor tiempos de refrigerio, y El envíe a Jesucristo, que os fue antes anunciado; a quien de cierto es necesario que el cielo reciba hasta los tiempos de la restauración de todas las cosas, de que habló Dios por boca de sus santos profetas que han sido desde tiempo antiguo.

El Espíritu Santo, a través de Pedro, dijo que todo lo que había sido prometido --todo lo que los profetas habían declarado-- se cumpliría antes del regreso de Jesucristo a la tierra.

El Espíritu del Señor me llevó a Isaías 35 para mostrarme las cosas prometidas a los creyentes, las cosas que vendrán sobre nosotros pronto. Quiero compartirlas ahora, y por favor, recuerda que todo lo que fue escrito en el antiguo pacto es una sombra de lo que tú y yo recibiremos en esta dispensación de la gracia. Estamos caminando en la sustancia de lo que los profetas del Antiguo Testamento declararon. Isaías 35 comienza así:

Se alegrarán el desierto y la soledad; el yermo se gozará y florecerá como la rosa. Florecerá profusamente, y también se alegrará y cantará con júbilo; la gloria del Líbano le será dada, la hermosura del Carmelo y de Sarón. Ellos verán la gloria de Jehová, la hermosura del Dios nuestro (vv.1-2).

Por haber crecido en Israel, yo entiendo algo de lo que la Biblia quiere decir cuando habla del desierto. Allí encuentras serpientes, escorpiones, muerte y sequía. Es simbolismo del creyente que está seco, viviendo en sequía espiritual con serpientes y lo demás. Pero Dios promete que el día vendrá cuando esa vida vacía y seca será bendecida con el poder abundante de Dios. ¿Cómo puede venir la vida y la bendición a un lugar tan seco y vacío?

Isaías sigue diciendo que "la gloria del Líbano le será dada". Yo recuerdo que, cuando era niño, los vientos del norte del Líbano, soplaban de vez en cuando y yo podía aspirar el aroma de los cedros del Líbano. A estos mismos cedros se refiere la Biblia cuando habla de la Gloria del Líbano. Cuando Isaías habla de su maravillosa fragancia, está prediciendo una atmósfera nueva de la presencia de Dios que cambiará tu desierto --tu vida espiritual-- en un lugar de belleza y abundancia.

Continuando, el profeta habla de "la excelencia del Carmelo y Sarón". El valle de Sarón en Israel, hoy en día es el valle más fértil de todo el Oriente Medio, lugar de excelentes cosechas y las más hermosas flores de la región. Lo mismo es cierto del Carmelo. En Isaías esto nos habla de una revelación fresca de la Palabra de Dios, refiriéndose a la semilla que será plantada para llevar hermoso fruto.

"Verán la gloria de Jehová", dice entonces Isaías, "la hermosura del Dios nuestro". Habla de una nueva visión de la gloria de Dios. ¿Y qué encontramos un poco más atrás, en el capítulo siete, que era la gloria del Señor? Recordarás que Moisés pidió ver la gloria de Dios en Exodo 33:18. Luego, en Exodo 34:5-6, ¿qué vio sino los atributos, Su personalidad? En otras palabras, Isaías habla de que contemplaremos una nueva visión de Dios mismo.

Así que, juntando todo esto, vemos la intención de Dios de proveer una nueva atmósfera alrededor de nuestras vidas, una nueva palabra del cielo, una nueva revelación de Su Palabra, y una nueva visión de Sí mismo. Cuando esto suceda, nuestra experiencia del desierto, de muerte y sequía, se transformará en la Tierra Prometida.

Hay todavía más, pues Isaías continúa en los versículos 3-4:

Fortaleced las manos cansadas, afirmad las rodillas endebles. Decid a los de corazón apocado: Esforzaos, no temáis; he aquí que vuestro Dios viene con retribución, con pago; Dios mismo vendrá, y os salvará.

Habrá evangelización a nivel mundial. Aquellos que fueron transformados por la nueva atmósfera, la nueva revelación, y la nueva visión de Dios, ahora están fortaleciendo las manos cansadas y las rodillas endebles, y están diciendo al mundo: "No temáis, ¡he aquí que vuestro Dios viene para salvaros!"

Desde luego, esta profecía fue dicha acerca de Israel en el milenio, pero, como una sombra de la sustancia de los tiempos del Nuevo Testamento, tiene aplicaciones espirituales para ti y para mí. Ciertamente, miramos a nuestro alrededor y sólo vemos desierto, pero Dios lo transformará para nosotros, y veremos evangelización mundial como nunca antes, al lanzarnos a ministrar al mundo.

¿Y qué otros resultados dijo Isaías que vendrían de este desierto transformado? Veamos los versículos 5-6: "Los ojos de los ciegos serán abiertos, y los oídos de los sordos se abrirán. Entonces el cojo saltará como un ciervo, y cantará la lengua del mudo".

Esto es milagroso. El poder sobrenatural de Dios será desatado para la sanidad física.

Esto me hace recordar un día, hace años, cuando oí a Kathryn Kuhlman profetizar, de una forma que sólo ella podía hacerlo, que vendría el día, antes de la venida del Señor, en que el poder de Dios se manifestaría de tal manera que todos serían sanados. "No habrá un santo enfermo en todo el pueblo de Dios", declaró.

Con su dramatismo de costumbre, apuntando con un dedo y la otra mano en la cadera, preguntó: "¿Pudiera ser hoy?"

Claro, ella nunca lo vio venir, pero vendrá. El Espíritu Santo me ha convencido de ello.

No podemos ser excépticos acerca de la voluntad de Dios de moverse sobre su pueblo de esa manera. Encontramos evidencias en la Escritura que apoyan la provisión sobrenatural, incluyendo la sanidad. En el Salmo 105:37, por ejemplo, encontramos las palabras acerca de los hijos de Israel cuando los sacó de Egipto: "Y no hubo en sus tribus enfermo". Eso es un estado magnífico de salud. Salud divina, no simplemente sanidad divina. Salud permanente. Vivo confiado en que viene el día cuando todo creyente será saludable.

Aquí hay un punto clave. Si Dios sanó a todos bajo la ley mosaica, ¿cuánto más sanará bajo la gracia? Además, cuando Jesús sanaba durante su tiempo en la tierra, El estaba bajo la dispensación de la ley; siendo ese el caso, ¿cuánto más podríamos nosotros ser sanados bajo la dispensación de la gracia?

Así que, no es extraño que Isaías profetizara que, al cambiar nuestro desierto en hermosura, Dios ministrará sanidad milagrosa durante un tiempo de evangelización mundial.

Sin embargo, él no se detiene ahí, pues el capítulo 35 continúa con un tercer resultado:

Porque aguas serán cavadas en el desierto, y torrentes en la soledad. El lugar seco se convertirá en estanque, y el sequedal en manaderos de aguas .
(vv.6-7)

Una nueva y poderosa unción vendrá sobre nuestro desierto, y ríos de agua viva fluirán --brotarán-- de nuestro interior. Esto no será algo pequeño. Pudiera ser como una doble porción que producirá manantiales y estanques y torrentes. Será un bautismo poderoso del Espíritu Santo.

Este movimiento del Espíritu en aquellos días vendrá a través de nosotros. Dios no dijo en Joel 2:28 y Hechos 2:17 que El vertería su Espíritu en tierra, sino que lo derramaría sobre toda *carne*. El nos usará a nosotros.

Un cuarto resultado de esta transformación nos es dado por Isaías de esta manera:

En la morada de chacales [dragones, dice una versión], en su guarida, será lugar de cañas y juncos. (35:7)

Dios librará a su pueblo de toda influencia demoníaca. Los dragones o chacales --los demonios-- se han echado sobre la hierba, y la han destruido, pero será restaurada cuando se les eche fuera.

La fe y la santidad vendrán al cuerpo de Cristo, como dice en estas palabras:

Y habrá allí calzada y camino, y será llamado Camino de Santidad; no pasará inmundo por él, sino que él mismo estará con ellos; el que anduviere en este camino, por torpe que sea, no se extraviará (35:8).

La santidad será tan grande, que estabilizará aún a los inestables. Estos dejarán de estar brincando de una cosa a la otra.

El sexto resultado será este:

No habrá allí león, ni fiera subirá por él, ni allí se hallará, para que caminen los redimidos (35:9).

Simplemente expuesto; Satanás y sus demonios estarán totalmente ausentes del cuerpo de Cristo.

Finalmente:

> Y los redimidos de Jehová volverán, y vendrán a Sion con alegría; y gozo perpetuo será sobre sus cabezas; y tendrán gozo y alegría, y huirán la tristeza y el gemido (35:10).

Yo creo que esto apunta al Rapto. Pues sólo entonces --cuando estemos fuera de este mundo-- podrán huir la tristeza y el gemido.

Obras mayores para ti

La Biblia declara que estas cosas vienen del Señor, y al mirar a nuestro alrededor, nada nos parece más increíble. Sin embargo, Jesús dijo en otra porción de la Escritura: "Obras... aun mayores hará [esto puede referirse a ti], porque yo voy al Padre" (Juan 14:12).

Es sorprendente. La Biblia dice que hay algo que Jesús no pudo hacer que nosotros podemos. Por años y años esto me ha tenido perplejo. Pensé: *¿Qué pudiera ser mayor que lo que el Señor hizo --mayor que resucitar a los muertos, que echar fuera demonios, que calmar la tempestad, que ordenar al viento que se detenga, y que sanar al cojo, al ciego y al sordo? ¿Qué puede ser mayor?*

Un día el Espíritu Santo me reveló algo que transformó mi vida. El, que pudo llamar a Lázaro de los muertos y calmar las aguas no podía ponerse de pie y decir: "Mírame, soy un pecador salvado por la gracia de Dios. Una vez estaba perdido, pero fui hallado; ciego, y ahora veo; cautivo, y ahora soy libre".

El pecado nunca tocó al inmaculado Hijo del Dios viviente. El fue el único que vivió una vida perfecta.

Así que, hoy, tú y yo podemos ponernos de pie ante este mundo y decir: "Mírenme y vean lo que ha hecho Jesucristo". La nueva unción que está por venir cuando nuestro desierto sea transformado, como reveló Isaías, nos permitirá ser testigos Suyos, y la obra mayor será hecha de manera sin precedentes.

Piensa bien en ello. El día viene cuando la unción del Espíritu Santo será tan grande sobre nosotros que veremos evangelización a nivel mundial, una difusión de lo sobrenatural en toda la tierra, una unción fresca de poder, y libertad de toda influencia demoníaca sobre el cuerpo de Cristo, santidad en toda la iglesia, ausencia total de Satanás entre los creyentes, la venida del Señor y el Rapto.

¡Qué hora tan emocionante será esa! ¿Estás listo para pagar el precio y que tu desierto sea transformado?

La voz del Señor

Una de las cosas que dice la Biblia bien claro acerca de esta transformación es, que conoceremos al Señor y Su gloria y oíremos su voz. Antes de cerrar este capítulo, quiero decirte algo muy importante sobre cómo discernir la voz de Dios, porque es conociendo Su voz que conoceremos Su poder.

Hechos 1:4 dice que el Jesús resucitado ordenó a los apóstoles que no se fueran de Jerusalén, sino que esperaran la promesa del Padre, la cual, dijo El, "oísteis de Mí". Ellos conocían Su voz antes que El les dijera que recibirían el poder en el versículo 8.

Una vez que conozcas Su voz, serás guiado como fue guiado Felipe un día, en Hechos 8:26ss, que fuera hacia el sur por el desierto que va a Gaza, donde se encontró con un eunuco etíope en una carroza. El Espíritu le dice a Felipe que corra hasta encontrarse con el eunuco, lo cual él hace, y comienza a hablar con el hombre, se monta en el carro, y escucha un pasaje de la Escritura que el hombre va leyendo. Cuando el eunuco pregunta lo que significa el pasaje, "Felipe, abriendo su boca, y comenzando desde esta escritura, le anunció el evangelio de Jesús" (v. 35).

El hombre se convirtió y fue bautizado, simplemente porque Felipe obedeció al Espíritu, y la unción vino claramente cuando "abrió su boca" y "anunció a Jesús". Oír y obedecer la voz es central para recibir la unción.

La unción vendrá sobre ti también cuando te conviertas en testigo de Cristo. Según venga la unción debes responder, porque, si no estás allí para recibir Su toque, puede que nunca lo haga nuevamente.

Guarda tu unción; cuídala. Cuando conozcas al Espíritu Santo y cómo se mueve, estarás listo a tiempo y fuera de tiempo. A veces El se mueve tan rápido que vas a marearte. Creo que por eso Felipe corrió. El sabía que tenía una oportunidad de ganar un alma para Dios. Otras veces, el Espíritu se mueve lentamente, y sólo debes dejarte llevar, esperando que El tome la delantera.

Recuerda: El no te sigue a ti. Tú le sigues a El.

Debes aprender a oír Su voz. Si no conoces Su voz, no conocerás Su poder. Como dije ya, los apóstoles en Hechos 1:4,8 no recibieron el poder mientras no oyeron la voz de su Maestro. Inevitablemente, El te guiará a ganar almas para Su reino.

Mi querido amigo, en Juan 10:3-4, Jesús dice muy claramente que El nos llama por nombre. ¿Oyes tú Su voz? Jesús dice que sus ovejas le siguen porque conocen Su voz. En Juan 10:27, Jesús repite este importante mensaje a todos los creyentes: "Mis ovejas oyen mi voz, y yo las conozco, y me siguen". Si dices que conoces a Cristo, debes oír Su voz y seguirle en tu vida.

Pero hay más. Debemos seguirle a diario. Oír Su voz a diario. El Salmo 95:7 nos reta a que cada día, hoy, debemos oír la voz de Dios. La cuestión no es si Dios te está hablando hoy a ti; sino, ¿estás tú escuchándole cuando te habla?

¿Por qué las personas no oyen ni escuchan a un Dios que les conoce, les ama y desea guiarlos a Su paz? Una razón por la que no oímos es que no queremos oír. El Salmo 95:8 nos advierte acerca de endurecer nuestros corazones, rebelándonos contra Dios.

Debes desear estar con Dios, oír Su voz. Tener comunión con El en oración y adoración. Si vives en pecado y no te has arrepentido, debes volver a El por Su gracia y misericordia. No debemos rechazarlo, esa es la amonestación de Hebreos 12:25.

Así que, ¿qué debes hacer para volver a Su presencia, y oír Su voz en tu vida hoy?

Primero, debes apartarte de las distracciones. Isaías 30:15 y 21 habla de volver a la quietud y la confianza, y escuchar a Dios cuando dirige nuestros pasos. Debemos prestar atención a Dios primero.

Segundo, al darle tu voz en oración, oirás Su voz cuando El responde. Recuerda, nunca conocerás la voz de Dios sin la presencia del Espíritu Santo. Cuando te apartas de las distracciones y dejas que el Espíritu venga sobre ti, Dios te hablará.

Después, Jesús oyó la voz de Dios porque estaba constantemente buscando hacer Su voluntad. El oyó porque obedeció (Juan 5:30).

Finalmente, Dios nos llama a que sintamos hambre y sed de justicia (Mateo 5:6) y oremos buscando Su rostro (2 Crónicas 7:14).

Hoy, Dios te llama a volver a El. Dedica un momento ahora a escuchar; sé que oirás Su voz. ¿Estás listo para conocer Su poder en tu vida? Estáte quieto ahora y deja que te hable. Escúchale decirte hoy: "Este es el camino, anda por él" (Isaías 30:21). Entonces experimentarás Su presencia y poder.

Capítulo 15

Cambia tu aceite

A menudo la Biblia compara la unción del Espíritu Santo con el aceite. Ambos pueden ser sentidos y experimentados. Y algunas observaciones acerca de las cualidades y características del aceite pudieran ayudarnos a comprender el obrar del Espíritu.

Por ejemplo, el aceite se evapora, y si no es reemplazado regularmente; finalmente desaparecerá. Puedes comprobarlo un día. Echa un poco de aceite dentro de una vasija y déjalo por un tiempo y verás que al cabo del tiempo se ha evaporado una porción. Si pasa suficiente tiempo, verás que la vasija estará vacía, con poca evidencia de que en algún momento tuvo aceite.

El Espíritu no se evapora, pero podrías pensar que es así si lo abandonas de esa manera. Debes constantemente permitir que el aceite del Espíritu fluya sobre ti, refrescando tu vida espiritual. Esto lo haces por medio de la oración, la comunión con Dios, y la lectura de la Palabra de Dios.

La unción permanecerá en tu vida si continúas caminando y hablando con (no siempre "a") el Señor. Cuando pases ratos en Su presencia, el rico aceite del Espíritu Santo correrá por tu vida, refrescándote y renovando tu espíritu.

Otra característica interesante acerca del aceite es que se escurre si hay un hueco en la vasija. El hueco puede ser muy pequeño, y hasta invisible a simple vista, pero si hay cualquier mancha o impureza en la composición de la vasija, el aceite encontrará la forma de salirse por ahí.

Efesios 4 nos advierte de cualquier posible "hueco" en tu vasija, cuando dice que no des "lugar" al diablo. La palabra *lugar* se deriva de la palabra griega para "avenida" o "ventana". Así que no debes dar avenida al diablo. No permitas que los huecos de la amargura, el resentimiento, la lástima propia, y otras cosas semejantes se cuelen en tu vida. Pues el precioso aceite del Espíritu se saldrá.

Estos "huecos" que atacan tu vasija del Espíritu son tan sutiles que al principio son difíciles de detectar. La amargura puede colarse casi sin ser detectada. ¿Y cuántas veces te has encontrado con alguien que está perdiendo aceite por los huecos de la lástima propia? Todo lo que oyes de estas personas es: "Pobre de mí, pobre de mí".

Al buscar y andar en la unción, es imperativo que te guardes de estos huecos y te concentres en mantener tu aceite fresco.

Otra verdad acerca del aceite es que sólo el aceite fresco tiene la debida densidad --espesor-- para ser útil en un motor o una máquina. A ese espesor se le llama viscosidad, y es importante, puesto que esto determina la habilidad del aceite para resistir el calor y la presión y para reducir la fricción y la tensión. Mientras más baja la viscosidad, menos podrá el aceite proteger bajo ciertos niveles de presión.

Como sabes, es importante que cambies el aceite de tu automóvil con regularidad --tan importante que la mayoría de los fabricantes de automóviles recomiendan cambiar el aceite cada tres o cinco mil millas para recibir el mayor beneficio--. De otra manera, además de ensuciarse, el aceite pierde espesor y color y puede dañar en vez de proteger el motor.

Asimismo tu unción perderá su espesor bajo el calor de la guerra espiritual. Por eso *debes* dar atención diaria a la oración y el estudio bíblico. Es la única manera de desarrollar y mantener tu espesor y fortaleza espiritual.

Haz algunas preguntas difíciles

¿Cómo está tu aceite? ¿Estás constantemente añadiendo aceite fresco, o estás operando con una unción vieja? ¿Se ha envejecido el toque de Dios en tu vida? ¿Se ha comenzado a evaporar? ¿Está rota tu vasija? ¿Se sale?

Sé que alguien estará diciendo: "¡Ay!" Espero que el dolor sea lo suficientemente serio como para que revises la frescura, el nivel y el espesor de tu unción.

Además de la oración y el estudio bíblico (que son indispensables), necesitas oír a hombres y mujeres de Dios. Por ejemplo, yo escucho frecuentemente los mensajes grabados de Kathryn Kuhlman, y leo tantos libros cristianos como puedo. Es importante para tu bienestar espiritual y tu crecimiento que seas alimentado por otros siervos de Dios, regularmente.

En 2 Timoteo 4:13, Pablo le pide a Timoteo que cuando le visite de nuevo traiga sus libros. No puedo enfatizar demasiado la importancia de aprender de cristianos maduros. Esto, entonces, es una manera más de asegurarte de que tu aceite espiritual sea renovado con regularidad.

Tratar de existir en la realidad de ayer sólo trae consigo una lenta y muy engañosa muerte espiritual. No hay nada peor que observar a alguien que cree estar vivo espiritualmente cuando en realidad está muerto. La peor muerte es cuando uno muere y no reconoce que su realidad se ha vuelto un ritual de actividad religiosa.

De igual manera, a menudo he visto cristianos que siempre se tuercen y retuercen, danzan y gritan cuando adoran a Dios en canto o alabanza. Pudiera haber habido un tiempo cuando Dios se movió en ellos de manera tan poderosa que no podían quedarse quietos, y quizás se estremecían y danzaban, o cualquier otra cosa. Pero ahora, eso se ha convertido en una actividad religiosa o una tradición derivada de una experiencia previa. Cuando Dios es el autor o la fuerza detrás de la experiencia, ésta es maravillosa. Pero si sólo es una tradición o actividad religiosa --un ritual-- es el residuo de una realidad pasada. Tiene la forma de espiritualidad, pero niega su poder (2 Timoteo 3:5).

Cuando tu aceite es fresco, tiene un aroma fragante y delicioso. Pero no hay cosa más desagradable que el olor del aceite rancio y podrido. ¿Has aspirado alguna vez el olor de aceite de oliva podrido? Es repulsivo.

Así como el aceite puede tener buen olor en lo natural, también esto sucede en lo espiritual. La fragancia espiritual está definitivamente asociada con el pueblo de Dios. Si sus vidas están llenas del aceite fresco del Espíritu, podrás detectar una dulce fragancia. Cuando el aceite se ha envejecido y la carne toma las riendas, despide un olor desagradable.

Transformando el aceite

En 1 Samuel 10 encontramos el relato del ungimiento que hiciera Samuel a Saúl con aceite. Saúl fue transformado.

"Entonces el Espíritu de Jehová vendrá sobre ti con poder, y profetizarás con ellos, y serás mudado en otro hombre", dice el verso 6. La unción te convierte en una persona diferente. Como he visto tan poderosamente en cruzadas de milagros en toda la nación, te vuelves valiente y fuerte. Tu mente se aclara. Tu espíritu se hace sensible. Te vuelves consciente del mundo invisible a tu alrededor.

Sí, según los versos 6-9, Saúl fue ungido y se convirtió en otro hombre. Dios le usó para eliminar a miles de filisteos. Se convirtió en el rey de Israel.

Pero, trágicamente, comenzaron a salir los defectos y los huecos. 2 Samuel 1:21 nos dice:

Montes de Gilboa, ni rocío ni lluvia caiga sobre vosotros, ni seáis tierras de ofrendas; porque allí fue desechado el escudo de los valientes, el escudo de Saúl, como si no hubiera sido ungido con aceite.

Los guerreros tenían maneras especiales de cuidar sus armas. Por ejemplo, los escudos, hechos de piel, tenían que ser frotados con aceite para preservarlos. Este "frotar con aceite" es simbólico de la unción, pues cuando nuestras vidas son frotadas con la unción del Espíritu Santo, se vuelven útiles para el reino de Dios. Sin embargo, Saúl llegó a ser "como si no hubiera sido ungido con aceite". El había perdido esto a causa del pecado.

Primero de Samuel 3:11-15 da un informe de Saúl y su ejército en combate con los filisteos. Samuel, el juez y profeta, había prometido hacer ciertas ofrendas él mismo (10:8) antes que Israel saliera a la batalla. Cuando no llegó a la hora esperada, Saúl neciamente pensó que él podía mejorar la suerte de Israel contra los filisteos y ofreció él mismo el holocausto. Con esta desobediencia, Saúl violó las normas establecidas por Dios para los oficios de rey y profeta. El pecó, y Dios le miró como si nunca hubiera sido ungido.

Después de conocer el poder y la intimidad de la unción regia, de la cual escribí con anterioridad, si la perdieras, tu también perderías el escudo de protección, el rocío, la lluvia de la bendición de Dios.

Después de su desobediencia, Saúl luchó con los filisteos sin la unción y sufrió una derrota humillante. Dios miró este acto de rebelión, y lo comparó al pecado de hechicería. Era asqueroso delante de Dios.

Además, cuando Saúl perdió la unción regia, un espíritu maligno vino y se posesionó de él. La unción regia le había dado autoridad sobre Satanás, pero cuando perdió la unción, se cambiaron los papeles y Satanás tuvo dominio sobre Saúl. Judas, también, recordarás, perdió la unción regia. Jesús le había dicho a él y a los otros once: "Id, yo os doy poder. Echad fuera demonios". Cuando Judas perdió la unción, el diablo se posesionó de él y Judas traicionó a Jesús.

Sigue hacia adelante

Una vez que el aceite limpiador de la salvación ha sido derramado sobre ti y has experimentado la unción del leproso, no te detengas. Sigue hacia adelante y deja que el aceite fresco de la unción sacerdotal sea derramada sobre ti diariamente, trayéndote a la comunión y a la íntima relación con el Espíritu Santo. Pasa tiempo en Su presencia y permítele llenarte de Sí mismo y con Su poder. Entonces te moverás a un lugar más alto y entrarás en la unción regia y el poder sobre Satanás que le acompaña.

Guarda cuidadosamente la unción. "A todo aquel a quien se haya dado mucho, mucho se le demandará" (Lucas 12:48).

Recuerda, no puedes operar dependiendo de glorias pasadas, tratando de sobrevivir con el aceite de ayer. Las reservas de Dios nunca se agotan. Así que, no te dejes poner rancio, ni te complazcas contigo mismo. Pide que el "aceite" del Espíritu Santo sea derramado sobre ti, renovándote y refrescándote. Pues en hebreo, la palabra *unción* es *mashach*, que significa "frotar". En griego, la palabra es *chrism*, que significa "untar". ¿No es maravilloso? Quiero que la unción caiga sobre mí y sea frotada en mí --no sólo sobre mí sino en mí--. Quiero esa unción tangible.

Las ovejas y el aceite

Con anterioridad mencioné "frotar con aceite" en conexión con Saúl y la pérdida de la unción. El "frotar", sin embargo, tiene otro significado en las Escrituras. El Salmo 23, uno de los pasajes más amados de la Biblia, encuentra a David cuando él dice: "Unges mi cabeza con aceite; mi copa está rebosando". Teniendo en mente la escena del pastor y sus ovejas, nos ayudará saber que en el Oriente Medio, donde nací y me crié, los pastores regularmente ungían sus ovejas con aceite de oliva para ahuyentar a los insectos que las molestaban.

En la Tierra Santa hay muchos insectos, y la única manera de lograr que éstos dejen en paz a las ovejas es frotándolas con aceite.

Para ti y para mí, esto simboliza ser liberado de las molestias de los demonios, por el poder del Espíritu Santo. Y, además, establece que los cristianos tienen el Espíritu Santo en ellos después de la conversión, y no demonios. Es más, tienen la seguridad y la paz de la unción.

La idea de "frotar" también la encontramos en tres claves para mantener y aumentar la unción. En orden, estas tres claves son:

Primero, Dios siempre está mirando para ver si tú estás guardando lo que ya tienes. Piensa en la exhortación del Señor a David después que pecó con Betsabé:

Y te di la casa de tu señor, y las mujeres de tu señor en tu seno; además te di la casa de Israel y de Judá; y si esto fuera poco, te habría añadido mucho más. ¿Por qué, pues, tuviste en poco la palabra de Jehová, haciendo lo malo delante de sus ojos?

(2 Samuel 12:8-9)

Desde luego, como leemos en el Salmo 51, David se arrepintió y fue bendecido con la renovada presencia y poder de Dios.

Antes de darte más, Dios mira para ver qué has hecho con lo que ya te ha dado.

La segunda clave la encontramos en Lucas 24:28-31, en el relato de dos hombres a quienes el Cristo resucitado se apareció camino de Emaús. Cuando llegaron a la aldea adonde iban, Jesús hizo como que iba más lejos. "Mas ellos le obligaron a quedarse, diciendo: Quédate con nosotros", dice la Escritura, y El más tarde se reveló a Sí mismo a ellos en el partimiento del pan. Si no lo hubieran obligado a quedarse, habrían perdido la revelación.

Muchas personas hoy pierden la revelación de Jesús simplemente porque no le obligan a quedarse con ellos. Se dan por vencidos muy pronto. El viene a ellos en la oración y ellos erróneamente piensan que cuando la presencia indica que va a alejarse, es porque Dios ya ha terminado con ellos. La próxima vez que esto te suceda, quédate un rato más y obliga al Señor a quedarse más tiempo contigo. Encontrarás una revelación justamente después de ese instante.

Tercero, tus asociaciones son importantes. Asóciate con personas ungidas, porque la unción de ellos se "pegará" a tu vida. Ellos te influenciarán, y esto producirá maravillosos efectos. Recuerda cuando una banda de desterrados de la sociedad se unió a David (1 Samuel 22:2). Ellos, también se convirtieron en valientes y matadores de gigantes como resultado de su asociación (2 Samuel 8:18-20). La unción en la vida de David los contagió. Lo mismo sucedió con los discípulos. Ellos recibieron la unción como resultado de su asociación con el Señor Jesús (Hechos 4:13). ¿No es maravilloso lo que puede suceder si pasas tu tiempo con hombres y mujeres de Dios?

Deseas, mientras lees esto, conocer la gloria de Su presencia y la unción del Espíritu que viene con Su poder: Entonces invítale a venir a tu vida ahora mismo. Aun si eres salvo y bautizado en el Espíritu Santo, di: "Espíritu Santo, ayúdame a vaciarme de mí mismo para poder ser lleno de ti. Lléname de tu presencia para que pueda conocer tu poder... que pueda conocer tu gloria... que pueda conocer la preciosa unción de tu Espíritu".

Cuando aprendas a conocer Su presencia, Su persona, Su gloria, y cuando El llene tu ser, entonces Su poder llenará tu vida y la unción de Su Espíritu será tuya.

Capítulo 16

Una doble porción

¿Te gustaría recibir no sólo la unción del Espíritu Santo en tu vida, sino una doble porción de esa unción? Piénsalo bien: la presencia del Espíritu cada día de tu vida y una doble medida del poder.

La historia de Elías y Eliseo nos dan un emocionante ejemplo de cómo puede ser nuestra esa doble porción. El mayor deseo del corazón de Eliseo era recibir una doble porción de la unción de Elías, y de hecho la recibió. Podemos aprender de sus pasos de obediencia que le llevaron a este maravilloso don.

Comencemos reconociendo que el Elías del Antiguo Testamento es un tipo del Señor Jesucristo, y que Eliseo nos representa a ti y a mí. He encontrado que todo en el Antiguo Testamento es una sombra, mientras que todo lo que tú y yo recibimos en el Nuevo Testamento es la sustancia de esa sombra.

Moisés, Elías, Eliseo y el resto de los profetas anduvieron como un tipo y una sombra para ayudarnos a ver lo que

Dios quiere que nosotros hagamos y cómo quiere que vivamos.

Cuando leas tu Biblia, recuerda que Jesucristo es la sustancia de la Palabra de Dios, y de los profetas que vivieron antes que EL viniera a la tierra. Otra forma de decirlo es que el Antiguo Testamento, aunque es en todo verdad, es una sombra de la verdad. La verdad es Cristo. Así que, cuando lees el Antiguo Testamento debes recordar que estás mirando a la sombra de la verdadera sustancia, que en esos momentos estaba en los cielos. Cuando vino a la tierra, El, que había hablado a través de sombras bajo el Antiguo Pacto, era entonces la sustancia ya en la tierra. Pero El, que es la sustancia, siempre ha existido.

Estoy convencido de que cada detalle en la Biblia --tanto en el Antiguo como en el Nuevo Testamento-- tiene importancia, pues representa a Cristo. No existen detalles sin significado.

Preparando el escenario

Primero de Reyes 19:16 presenta a Dios cuando da a Elías una orden: "A Jehú hijo de Nimsi ungirás por rey sobre Israel; y a Eliseo hijo de Safat, de Abelmehola, ungirás para que sea profeta en tu lugar".

El relato continúa diciendo que, en obediencia a la directiva de Dios, Elías encuentra a Eliseo cuando araba con doce yuntas, o veinticuatro bueyes, lo cual significa que su padre, Safat, debe haber sido rico, pues los hombres más adinerados de aquellos tiempos sólo eran dueños de seis bueyes. Así que, en nuestro primer encuentro con este hombre, lo encontramos sucio, sudado y metido de lleno en su trabajo, no necesariamente en las condiciones que esperamos ver a los profetas. Pero Dios sabía a quién El debía escoger para terminar el ministerio de Elías.

Dice la Biblia que Elías "pasando por delante de él, echó sobre él su manto", lo cual designó a Eliseo como su sucesor. Eliseo, sin vacilar y aparentemente deseoso de ir, corrió tras él y dijo: "Te ruego que me dejes besar a mi padre y a mi madre, y luego te seguiré", mostrando gran respeto por sus padres.

Pero entonces Eliseo, "se volvió, y tomó un par de bueyes y los mató, y con el arado de los bueyes coció la carne, y la dio al pueblo para que comiesen. Después se levantó y fue tras Elías, y le servía".

¿Qué significa esta acción? Representa su renuncia a su antigua manera de vivir. Dejó su vida antigua y se olvidó de ella. Dios nunca te traerá a la doble porción si estás aún llevando las cargas de ayer, que deben ser perdonadas. Pablo lo dijo de esta manera: "Olvidando ciertamente lo que queda atrás, y extendiéndome a lo que está delante" (Filipenses 3:13). Sólo cuando te deshaces de tu ayer recibirás las promesas del mañana.

Dios no estaba escogiendo a un hombre por sus valores naturales, sino un hombre de fe, que estaba dispuesto a ser uno de los sirvientes del profeta. ¿Estás tú dispuesto a hacer lo mismo hoy con tu vida? Ese es el primer paso en la carrera hacia la doble porción de la unción.

Ahora un viaje

En 2 Reyes 2, encontramos a Elías viajando a diferentes lugares que yo encuentro significativos e informativos de donde debemos ir con Cristo.

Primero los encontramos en Gilgal, donde la nube de día y el fuego durante la noche ya no se hacen evidentes, lo cual representa un lugar de actividad religiosa sin poder sobrenatural. Es el lugar donde moró Josué, según encontramos en Josué 5, un lugar donde el debía olvidar a Egipto --"Hoy he quitado de vosotros el oprobio de Egipto; por lo cual el nombre de aquel lugar fue llamado Gilgal, hasta hoy" (Josué 5:9).

Es un lugar donde olvidas la vieja vida, diciendo: "Ahora he nacido de nuevo; mis pecados han sido lavados. Estoy pasándola muy bien".

Pero los versos 10 al 12 continúan diciendo que después de celebrar la Pascua en Gilgal, "comieron del fruto de la tierra".

Ves, los hijos de Israel dependieron de Dios tanto para su liberación de Egipto como para su provisión diaria más tarde. La provisión milagrosa de Dios cada día era increíble. Cada mañana cuando se levantaban, encontraban el maná sobre el suelo, el cual recogían para su necesidad de ese día --fresco cada día--. Sin embargo, con el tiempo comenzaron a darlo por sentado y hasta a quejarse por tener lo mismo cada día, a pesar de la milagrosa y amante forma de provisión. Cuando vino la oportunidad, comieron del fruto de la tierra, y aquel día ¡cesó el maná!

Pero ¿qué significa esto para nosotros? Gilgal, en tu experiencia y en la mía, es el lugar donde llegamos después de nuestra experiencia de salvación, la cual es simbolizada por la liberación de Egipto. Dejamos nuestra vida de pecado y corremos hacia los brazos abiertos de nuestro Redentor, felices de estar fuera del lugar que nos tuvo cautivos por tanto tiempo.

Pero también en Gilgal pronto olvidamos los horrores de nuestro Egipto, de donde necesitamos de lo sobrenatural para salir. Una vez que nos acomodamos y parece que ya no dependemos de Dios, no vemos necesidad de lo sobrenatural. Creemos que podemos manejar las cosas por nosotros mismos. Entonces cesa el maná, y con él la gloria de Dios revelada en la nube y la columna de fuego.

¿A qué conclusión llego, entonces de la parada de Elías y Eliseo en Gilgal? Como dije, Gilgal representa la religión sin poder. Ninguno de nosotros realmente desea esto al principio, pero es ahí donde muchos terminamos. Y muchos nos encontramos tan cómodos en Gilgal que nunca queremos partir. Estamos felices con haber nacido de nuevo y satisfechos con la actividad religiosa; felices con la mediocridad espiritual de "la Primera Iglesia de Gilgal", nunca creciendo ni madurando hasta llegar a una doble porción de la unción de Dios, "Si tan sólo pudiera sentir lo que sentí entonces cuando fui salvo", o "Si tan sólo pudiera sentir lo que sentí cuando fui lleno del Espíritu".

A pesar de todo esto, hay un pensamiento de consuelo. Dios te lleva a Gilgal con un propósito: mostrarte que la vida sin lo sobrenatural no es la manera en que la vida cristiana debe vivirse.

Amigo, debemos ir más allá de Gilgal. Nuestra actitud necesita ser como la de Eliseo: "No me quiero quedar aquí. Quiero continuar más allá a mi doble porción".

Camino de Bet-el

Después de Gilgal, Elías y Eliseo fueron a Bet-el (2 Reyes 2:2), lo cual veo como un lugar de grandes decisiones, un lugar donde puedes rendirte y someterte a Dios, un lugar donde tus propios deseos mueren. Piénsalo bien. A través de todo el Antiguo Pacto se menciona a Bet-el. Fue el lugar donde Abraham puso su tienda y tomó la decisión de vivir para Dios. Fue el lugar donde su nieto Jacob dijo a Dios que le seguiría y le serviría. Fue el lugar a donde regresó para luchar con Dios y ser transformado de Jacob en Israel. Fue el lugar donde Samuel oyó la voz de Dios por primera vez. Fue el lugar donde Saúl rechazó la Palabra y lo perdió todo, incluso el reino. Algunos que llegan a su Bet-el triunfan poderosamente mientras que otros fracasan.

Pero, es curioso que una vez que llegues a Bet-el, puedes rendirte y someterte, pero no encontrarás allí la doble porción.

En Bet-el dijo Elías a Eliseo: "Eliseo, quédate aquí ahora, porque Jehová me ha enviado a Jericó". Pero Eliseo respondió rápidamente: "Vive Jehová, y vive tu alma, que no te dejaré".

"¡Ni lo pienses!", dijo Eliseo. "De aquí no sales sin mí. No hay doble porción aquí. Y yo voy contigo a buscarla".

Puedes decidir quedarte en Bet-el, o quizás volver a la mediocridad de Gilgal. O puedes continuar hacia adelante y disfrutar las bendiciones de Dios.

Jericó, lugar de acción

Después viene el lugar de la guerra: Jericó. Fue en las afueras de Jericó que Jesús se enfrentó a Satanás cuando fue tentado después de ayunar cuarenta días y cuarenta noches. Fue allí que en los tiempos de Josué los muros fueron derribados.

Cuando llegas a Jericó, Satanás se te opondrá. Atacará tus finanzas, tu cuerpo, tu mente, tu familia. Es donde lucharás contra los demonios y todos los poderes del infierno, pero es también donde encontrarás al Capitán de las Huestes. Puedes estar seguro de que cuando decidas sacrificar tu yo y seguir a Dios, el diablo se presentará para oponerse a ti, pero el Capitán de las Huestes está allí con la espada lista para darte ayuda. Puedes estar seguro de que tu victoria está cercana, pues la guerra rodea el nacimiento de un milagro.

No retrases tu viaje
En mi propio Jericó, Satanás trató de distraer mi ministerio en los años ochenta.

Recuerdo los abismos de la complacencia, la monotonía y el aburrimiento que me rodeaban. Corría el aterrador riesgo de tratar a la ligera la unción. Todo el tiempo, la doble porción de la unción estaba cerca de mí, lo cual siempre sucede. Todo lo que tenía que hacer era abrir los ojos y ver al Capitán de las Huestes reclamar la victoria en la lucha espiritual contra la distracción.

El mensaje es sencillo: No te distraigas, mucho menos por la carne. La distracción es un enemigo de tu alma.

Por ejemplo, antes de un servicio de milagros, la regla es que nadie me hable. Le digo a la gente: "No me digan lo que pasa". No quiero saber nada de nada. Si comienzo a pensar en las necesidades de la gente, mis emociones se compungen y me es difícil concentrarme y tener mi mente clara. Debo mantener mi corazón y mi mente en Dios, y solamente en Dios. No puedo dejar que Satanás me distraiga, y tú tampoco debes permitirlo. Durante los ratos de distracción, recuerda que Dios te da el poder de proseguir a la victoria.

¡Camino del Jordán!
¿Y qué sucede en el Jordán, la próxima parada? Dios abre tus ojos y recibes vista espiritual. Fue en el Jordán donde

Juan el Bautista vio el Espíritu Santo descender en forma de paloma. Fue en el Jordán donde Jesús comenzó Su ministerio.

El Jordán es el lugar donde comienzas a ver más allá de lo natural el reino sobrenatural. Es el lugar donde Eliseo recibió su unción doble. He aquí un maravilloso pasaje de la Escritura:

Tomando entonces Elías su manto, lo dobló, y golpeó las aguas, las cuales se apartaron a uno y a otro lado, y pasaron ambos por lo seco. Cuando habían pasado, Elías dijo a Eliseo: Pide lo que quieras que haga por ti, antes que yo sea quitado de ti. Y dijo Eliseo: Te ruego que una doble porción de tu espíritu sea sobre mí. El le dijo: Cosa difícil has pedido. Si me vieres cuando fuere quitado de ti, te será hecho así; mas si no, no. Y aconteció que yendo ellos y hablando, he aquí un carro de fuego con caballos de fuego apartó a los dos; y Elías subió al cielo en un torbellino. Viéndolo Eliseo, clamaba: ¡Padre mío, padre mío, carro de Israel y su gente de a caballo! Y nunca más le vio; y tomando sus vestidos, los rompió en dos partes. Alzó luego el manto de Elías que se le había caído, y volvió, y se paró a la orilla del Jordán.

(2 Reyes 2:8-13)

Escondida en estas Escrituras está una hermosa sombra de lo que sucede en el Jordán, el lugar de visión espiritual. Eliseo hizo dos cosas. Rompió sus viejas vestiduras, como símbolo de dejar ir al viejo hombre y el pasado. Luego alzó el manto de Elías que se le había caído, y supo que había venido la doble porción. Cuando esté por llegar lo bueno, despídete del pasado. Entrega lo viejo para que Dios pueda hacer lo nuevo en tu vida.

No puedes recibir tu doble porción hasta que conozcas las promesas de Dios y esperes recibirlas por fe en El. Abraham tuvo que confiar en Dios para esperar el hijo que El le había prometido. El confiar en su propia fuerza no trajo al hijo de la promesa. Tuvo que ver a Isaac por la fe antes de recibirlo. Cuando miras con los ojos de la fe, la promesa comienza a venir a tu vida con poder.

Marcos 10:46-52 habla de Bartimeo, el ciego que vestía un manto que tradicionalmente usaban los ciegos de acuerdo a la costumbre hebrea. Cualquiera que vistiera este vestido era conocido como ciego, inútil, y necesitado de ayuda con la cosas básicas de la vida, tales como ser alimentado y cuidado. Cuando el Señor Jesús le oyó clamar, dijo: "Traédmelo". Inmediatamente Bartimeo se despojó del vestido. Antes de recibir el milagro se quitó el manto, como significado de su total dependencia de Dios. Desechó lo viejo para recibir lo nuevo.

Cuando por fe me veo como hijo de Dios, ya no ando con la cabeza baja, murmurando: "Oh, Dios, soy tan indigno de caminar en Tu Presencia". Yo voy hacia el Santo de los Santos, no con culpa, sino con libertad de la condenación. La oscuridad que antes me ataba ya no ciega mis ojos espirituales. ¡Puedo ver! Cuando leo la Palabra, la creo, y entro como hijo de Dios.

Así debes tú acercarte a la unción doble.

No vas a quedarte en la mediocridad de Gilgal. Vas a seguir hacia Bet-el: Allí morirás al yo y decidirás seguir a Dios por siempre. Jericó: Lucharás con todo demonio que venga contra ti, y ganarás porque Jesucristo está contigo. En el Jordán, comenzarás a ver que las promesas de Dios son tuyas, y te apoderarás de ellas. Serás una fuerza para Dios que estremecerá el cielo y el infierno.

Capítulo 17

¿Estás dispuesto
a pagar el precio?

La importancia de la unción se demuestra de muchas maneras, como ya hemos visto. Pero nadie la expresa con mayor autoridad que el salmista, como vemos en el siguiente pasaje. Pon especial atención a la altura, anchura y largura de las promesas que a través de David apuntan al Mesías, el supremo Ungido, del cual viene tu unción:

Hallé a David mi siervo;
Lo ungí con mi santa unción.
Mi mano estará siempre con él,
Mi brazo también lo fortalecerá.
No lo sorprenderá el enemigo,
Ni hijo de iniquidad lo quebrantará;
Sino que quebrantaré delante de él a sus enemigos,
Y heriré a los que le aborrecen.
Mi verdad y mi misericordia estarán con él,
Y en mi nombre será exaltado su poder.
Asimismo pondré su mano sobre el mar,

Y sobre los ríos su diestra.

El me clamará: Mi padre eres tú,

Mi Dios, y la roca de mi salvación.

Yo también le pondré por primogénito,

El más excelso de los reyes de la tierra.

Para siempre le conservaré mi misericordia,

Y mi pacto será firme con él.

Pondré su descendencia para siempre,

Y su trono como los días de los cielos.

(Salmo 89:20-29)

Aunque sólo tuviéramos esto, deberíamos buscar el maravilloso regalo que es nuestro. La fortaleza, la protección, la victoria sobre el enemigo, la fidelidad, la autoridad, el poder, un pacto eterno --y continuaríamos nombrando promesas que son tuyas y mías a través del Rey de reyes, el Señor Jesucristo.

Piensa en ello sobriamente

La unción, que lleva consigo estas promesas, también tiene un precio, como escribí en el Capítulo 1, y es muy real. Obtendrías muy poco, o lo peor, si actuaras neciamente o sin sinceridad.

El precio es una muerte total al yo. Y viene solamente por medio de la oración. Además, esta muerte debe ocurrir diariamente, como escribió Pablo (1 Corintios 15:31). Yo no puedo decir: "¡Pero yo morí hace veinte años!" No, la carne debe ser negada a diario. Es maldita y debe ir a la cruz día tras día. Jesús lo dijo claramente: "Si alguno quiere venir en pos de mí, niéguese a sí mismo, tome su cruz cada día, y sígame" (Lucas 9:23). Esto sólo viene por medio de la oración.

Ves, tú y yo no tenemos poder para decirle que no a Satanás; no hay poder en nosotros para rechazarlo. El poder sólo viene cuando el Espíritu Santo está sobre nosotros. Gigantes de la fe han caído porque no pudieron decir no. Dependieron de su propio poder.

Hace años Kathryn Kuhlman dijo: "Hace mucho tiempo que morí". Y puede haber sido malentendida de no haber continuado diciendo: "Muero mil muertes", lo que significa que había tomado una decisión muchos años atrás, pero tenía que tomarla de nuevo cada día.

Esta es una de las cosas acerca de la presencia del Espíritu Santo. Viene simplemente cuando tomas una decisión ante Dios, diciéndolo, diciéndolo de verdad, y totalmente entregando tu yo a El. El sabe si dices o no verdad, y mejor que estés consciente de ello.

Es para toda la vida

La unción de Dios, el poder de Dios, viene a nosotros cuando pasamos tiempo, y todo lo demás que se nos requiere, con El. No es una experiencia para un día, sino para toda la vida, una en la cual te entregas completamente. Yo no creo haber llegado a un nivel de cien por ciento en esto, aunque es verdaderamente lo que deseo, y Dios ha podido usarme, especialmente en los últimos años, y El hará lo mismo contigo.

En mi caso, yo sé que he perdido todo el deseo de cualquier cosa que tenga que ver con el mundo. Mis deseos mundanos han partido.

Es difícil hablar de estas cosas y parecer sincero en la época tan cínica que vivimos, pero a causa de la presencia y de la unción del Espíritu, estoy consumido por mi andar y mi trabajar con Dios. El es literalmente todo lo que tengo. Si El dijera: "Benny, múdate a la China", lo dejaría todo e iría. Ya no hay rebelión en mí.

La falta de deseo material no significa que Satanás haya dejado de tentarme. La muerte diaria al yo, a menudo muy difícil, es todavía una batalla que debe ser librada.

Una pregunta cándida

Un buen amigo me dirigió una pregunta recientemente que me hizo pensar. "¿Crees que Dios te ha usado de la manera que lo ha hecho", me dijo, "sólo porque eras un solitario y ermitaño cuando joven, y no tenías mucho a que morir?"

Al detenerme a pensar me di cuenta de que él había traído a luz un punto importante. Yo tenía de joven un gran impedimento en el hablar, era bajito de estatura, y terriblemente tímido. A menudo me escondía debajo de la cama cuando venían visitas a la casa.

Pero cuando Dios comenzó a usarme, básicamente tenía poco que perder, y no estaba atado a cosa alguna. Claro, tenía ciertos deseos, como todo ser humano. Pero Dios trató conmigo acerca de ellos.

Así que, después de considerar seriamente la respuesta, creí que a menudo Dios escoge gente como yo, que El sabe que no van a darle lucha. Pero entonces, está la absoluta verdad de que cuando estás en la presencia de Dios, gustando de Su bondad y Su amor, dices: "¿Quién quiere otra cosa?". El simplemente te consume. He encontrado que cuando tratas de explicarle esto a la gente y decirle lo que se están perdiendo, a menudo te miran como si estuvieras loco.

Lo hermoso es que El te ama tanto, y, sin embargo, no siempre estás en buenos términos con El. Yo echo tanto las cosas a perder, y yerro el blanco tan a menudo, y le contristo tantas veces, pero nunca intencionalmente. Preferiría morir que hacerlo. Le amo demasiado para herirlo así. Pero cuando fallo, El viene suavemente y trata conmigo y con mis pecados, fracasos y debilidades, y yo sigo adelante, perdonado.

Mi amigo hizo una pregunta aun más difícil acerca de mi dedicación al ministerio, pero la respuesta fue más fácil. "¿Estás seguro de que no amas la obra del Señor simplemente porque lo haces bien?", preguntó, insinuando con ello que en realidad yo no estaba capacitado para hacer otro trabajo.

He examinado mi corazón muchas veces e inmediatamente he concluido que nunca arruinaría mi vida ni la vida de mi familia sirviendo a algo y matando mi relación con Dios. Parece heroico, pero como dijo Pablo, el amor de Dios me constriñe (2 Corintios 5:14).

Tengo la oportunidad de ver el admirable amor de Dios por las personas. Cuando subo a una plataforma en una cruzada de milagros y veo los miles de personas, los niños, y las sillas de ruedas, las almas de hombres y mujeres hambrientos de su Creador, sé exactamente por qué estoy en el ministerio. Cada vez oro: "Ayúdame a pagar un precio más alto para verlos tocados por Ti".

Y debo decir que no sé por qué todos no son tocados y sanados, pero sí sé que miles y miles lo son. Y también sé que la respuesta completa está en la unción del Espíritu Santo y el deseo que tengamos de El --la disposición que tengamos de pagar el precio.

Y estoy seguro de que miles de los que leen este libro están dispuestos a pagar el precio también. Dios todavía ama al mundo y al pueblo que vive en él, mucho más de lo que jamás podamos imaginarnos.

Se requiere mucho respeto

Además del precio que debemos pagar por la presencia y la unción del Espíritu Santo, está el importante asunto del respeto por esa unción. Puede que esto no suene terriblemente espiritual, pero he escuchado a Dios amonestar en contra de "jugar" con la unción. Y te exhorto, al proseguir hacia adelante en la vida en el Espíritu, a no permitir nada en tu vida que pueda faltar el respeto al Señor.

La advertencia contra la falta de respeto por la unción obvia del Espíritu vino pronto en la historia del trato de Dios con Israel. Números 12 comienza diciendo que María y Aarón murmuraron contra Moisés a causa de la mujer cusita que había tomado.

Retaron a Moisés con estas palabras: "¿Solamente por Moisés ha hablado Jehová? ¿No ha hablado también por nosotros?" (v. 2). Y aquí la Escritura dice que Moisés era más humilde que cualquier hombre sobre la faz de la tierra. El era el escogido de Dios, y Dios les juzgó por su falta de respeto.

Moisés "es fiel en toda mi casa. Cara a cara hablaré con él, y claramente y no por figuras; y verá la apariencia de Jehová. ¿Por qué, pues, no tuvisteis temor de hablar contra mi siervo Moisés?" (vv. 7-8)

A Dios no le agradó su falta de respeto por Moisés y su unción. Dice la Biblia: "Entonces la ira de Jehová se encendió contra ellos; y se fue. Y la nube se apartó del tabernáculo, y he aquí que María estaba leprosa como la nieve".

El disgusto de Dios fue grande, y de no haber sido por la intercesión de Moisés con Dios, María hubiera permanecido "como muerta". Aarón pidió perdón y rogó, y Moisés oró a Dios: "Te ruego, oh Dios, que la sanes ahora". Y Dios la dejó castigada por una semana, fuera del campamento, y luego fue sanada (vv. 11-15).

La cosa es: Aarón y María se apartaron de sus propios llamamientos y trataron de ser como Moisés, sin considerar la poderosa unción que estaba sobre él. Nunca trates de ser un Moisés si no lo eres. Y es importante notar que la nube se apartó antes que viniera la lepra. Los que se apartan de su unción tarde o temprano se darán cuenta de que la presencia se aparta. Sí, Dios les perdonará cuando haya arrepentimiento, pero todavía habrá que pagar el precio.

El caballo y el mulo

Mientras te preparas para rendirte al Espíritu Santo, morir a tu yo, y moverte dentro de la maravillosa presencia y la unción que El tiene para ti, quiero compartir un versículo de la Escritura que puede ser como un aguijón en tu costado. Yo sí sé que a menudo ha resultado una represión para mí.

Dice el Salmo 32:9: "No seáis como el caballo, o como el mulo, sin entendimiento; que han de ser sujetados con cabestro y con freno".

Piensa en esto. Un día el Señor me dio este versículo, y el Espíritu Santo literalmente me sacudió con él.

¿Sabes lo que hace un caballo? Corre hacia adelante y es impaciente. ¿Y el mulo? Es tan terco que no se mueve. Uno corre demasiado, y el otro no corre nada.

El serio mensaje es que el caballo, corriendo, se apartará de la unción y se apresurará hacia la carne, mientras que el mulo se muere en la carne. Tristemente hay muchos mulos en la iglesia. No quieren nada de Dios, ni presencia, ni unción. Son tercos.

Si no puedo lograr que todos sean ovejas, que sigan al Señor fielmente, entonces preferiría tener en mi iglesia caballos, y no mulos. Al menos los caballos van a alguna parte, y tienes la oportunidad de controlarlos.

Es hora de moverse

Como dije anteriormente, estos tiempos en que vivimos son poderosos. El pecado abunda, pero sobreabunda la gracia. Millones de personas, tristemente, corren en dirección contraria a Dios. La sociedad se está autodestruyendo. Nuestros jóvenes sufren. Pero otros millones están hambrientos de Dios y quieren alistarse con El y servirle. Confío en que estés en el último grupo, y oro para que al moverte hacia adelante, lo hagas en el poder del Espíritu Santo, en Su preciosa unción, que es para todo Su pueblo. No permitas que nada te detenga. El te desea ansiosamente.

Por favor, ora conmigo:

Padre, me rindo a Ti completamente ahora. Te entrego todo a Ti --mi cuerpo, mi alma y mi espíritu; mi familia, mi empleo, mis finanzas, mis debilidades y mis fortalezas; mi pasado, presente y futuro. Todo lo que soy, por toda la eternidad--. Te pido, Señor, que me des un corazón arrepentido de todo lo que he hecho que te ha herido; todos mis pecados, mis iniquidades, mi frialdad de corazón, y mi falta de confianza. Te pido que me des el poder para volverme atrás y caminar en dirección contraria, de forma que te agrade. Espíritu Santo, te doy la bienvenida en mi vida ahora. Te alabo y te amo. Te pido que me ayudes a recibir las cosas que he pedido al Padre por medio de Jesús. Ayúdame a tener compañerismo y comunión contigo, pues en realidad no sé hacerlo por mí mismo. Hazme totalmente consciente de tu presencia y permíteme oír Tu voz. Prometo obedecerte. Señor Jesús, úngeme con el Espíritu Santo al aprender y obedecer. Dame tu poder para tocar a aquellos que están a mi alrededor y a aquellos que Tu pongas en mi camino. Muéstrame qué es lo próximo que debo hacer. Y ayúdame a nunca pasar por alto tu comunión. Oro en el nombre de Jesús, mi Señor. Amén.

Y pondré dentro de vosotros mi Espíritu, y haré que andéis en mis estatutos, y guardéis mis preceptos, y los pongáis por obra.

(Ezequiel 36:27)

Pero recibiréis poder, cuando haya venido sobre vosotros el Espíritu Santo, y me seréis testigos en Jerusalén, en toda Judea, en Samaria, y hasta lo último de la tierra.

(Hechos 1:8)

Acerca del Autor

Benny Hinn es el fundador y pastor del Centro Cristiano de Orlando, una iglesia interdenominacional en el estado de la Florida, EE.UU. La iglesia comenzó en marzo de 1983, con 250 personas, y tiene ya una asistencia de más de 7.000 cada semana. Su ministerio de televisión alcanza aproximadamente quince millones de vidas semanalmente a través de los servicios televisados desde el Centro Cristiano de Orlando.

El libro *Buenos Días, Espíritu Santo,* escrito por Hinn anteriormente, fue el libro cristiano de mayor venta en el año 1991, con más de medio millón de ejemplares en su edición en inglés. Este libro en su versión al español ha sido publicado por esta misma Editorial, y al igual que la edición en inglés, fue el libro de más rápida venta en el mismo año con una tirada de aproximadamente 100.000 copias.

La santidad de Dios
R. C. Sproul

En *La santidad de Dios* se estudia el sentido de la santidad y se investiga por qué la idea de un Dios santo fascina a la vez que infunde temor. Del exámen detenido que se hace del carácter de Dios brotan imágenes nuevas acerca de lo que es el pecado, la injusticia y la gracia. El resultado es una nueva percepción de nuestra dependencia de la misericordia de Dios y el asombroso descubrimiento de Su majestuosa Santidad

490222 ISBN 1-56063-177-5

Una fe sencilla
Charles R. Swindoll

¿Por qué tantas personas acaban atrapadas por sistemas de fe complicados que se basan en lo que uno hace? ¿Por qué esforzarnos en sobrepasar nuestros límites, empeñados en realizar más obras de las que cualquier fariseo razonable habría demandado? Hemos de correr a un paso que esta entre lo frenético y lo desequilibrado para demostrar que somos de los fieles? ¡"No"! es la respuesta enfática del autor de varios de los libros de gran demanda, Chuck Swindoll.

Aquí, al fin, tenemos una estimulante invitación a la fe sencilla. Abandone el cristianismo de emulación y rompa los barrotes que aprisionan a los espíritus.

498515 ISBN 1-56063-212-7

Solicite toda la serie: Guía de Bolsillo con temas de actualidad

El balance perfecto
The Perfect Balance, Gerardo De Avila
¿Qué significa para usted la oración? Sólo la recitación de palabras de matiz religioso? Este libro nos enseña:
• Como vertebrar la oración para que ésta pueda cumplir su cometido
• La forma correcta de relacionarnos con Dios y con el prójimo.

Cómo hablar con su pareja
How to Talk to Your Mate, Norman Wright
El Dr. Norman Wright, un consejero familiar y maestro de consejeros, le enseña cómo llegar a un plano más profundo de comunicación y entendimiento con su cónyuge.

La mejor forma de planear el día
The Best Way to Plan Your Day, Dayton Engstrom
Los autores van a la raíz misma de los problemas de administración del tiempo en esta concisa guía sobre la planificación efectiva. Aquí encontrarás los esquemas y los secretos que te van a ayudar a aprovechar el día al máximo y tomar el control de tu tiempo y de tu vida.

498040 Aumente el poder de su personalidad • *Increase Your Personality Power*, T. LaHaye
498069 Certeza y seguridad • *Certainty and Assurance*, R. Archilla
498041 Controle las rabietas de su hijo • *Temper Your Childs Tantrums*, J. Dobson

498056 Cristianismo: ¿Historia o farsa? • *Christianity : Hoax or History?*, J. McDowell
498042 Cuando el médico dice: Es cáncer • *When the Doctor Says: It's Cancer*, M. Moster
498051 Cuando tu amigo te necesita • *When Your Friend Needs You*, P. Welter

498064 Cuatro pasos hacia la intimidad • *Four Steps to an Intimate Marriage*, T. LaHaye
498065 Demonios, brujería y oultismo • *Demons, Witchcraft and the Occult*, McDowell
498048 Educando a los adolescentes • *Raising Teenagers Right*, J. Dobson

Más de la "Línea de Oro" de

EDITORIAL UNILIT

Distribuido por Spanish House, Miami FL 33172

4/13/99

Solicite toda la serie: Guía de Bolsillo con temas de actualidad

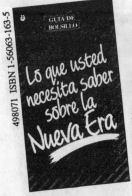

Lo que usted necesita saber de la Nueva Era

What You Should Know About the New Age, César Vidal M.

Aquí nos confrontaremos con la realidad de este movimiento en: el cine, la televisión, la alimentación, los juegos, etc. La Nueva Era da salida a un deseo de contacto con realidades espirituales concretas y qué, para lograrlo, está dispuesta a utilizar una serie de caminos…

Preparándose para el alumbramiento

Preparing for Childbirth, D. Evans

D. Evans, educadora autorizada en alumbramiento, le da a usted, en este libro, un cuadro de lo que ha de esperar, desde la primera etapa del parto hasta después del mismo. Temas: • Lactancia • Alivio al dolor del parto, etc

20 Enemigos del matrimonio

20 Enemies of Marriage, R. Loyola

Un libro como este es una necesidad hoy, cuando la televisión bombardea a los hogares con un mensaje que no tiene éxito en orientar. Un ameno y dinámico librito del ya afamado autor de "Bocadillos para el alma" y "Manantiales en la ciudad."

Más de la "Línea de Oro" de

Distribuido por Spanish House, Miami FL 33172